C.B.Naubert

Brunilde.
Eine Anekdote
aus dem bürgerlichen Leben des
dreizehenden Jahrhunderts.

und

(anonym)

Meinhard,
Graf zu Tirol.
Eine Begebenheit
des funfzehnten Jahrhunderts.

Zwei historische Kurzromane

Christiane Benedikte Naubert

Brunilde.

Eine Anekdote
aus dem bürgerlichen Leben
des
dreizehenden Jahrhunderts.

(anonym)

Meinhard,
Graf zu Tirol.

Eine Begebenheit
des funfzehnten Jahrhunderts.

Zwei historische Kurzromane in einer Transkription von

Sylvia Kolbe

im Engelsdorfer Verlag Leipzig
2013

Bibliografische Information durch die Deutsche Nationalbibliothek:
Die Deutsche Nationalbibliothek verzeichnet diese Publikation in der Deutschen
Nationalbibliografie; detaillierte bibliografische Daten sind im Internet über
http://www.dnb.de abrufbar.

Umschlagabbildung: Die Winsbekin (Codex Manesse, 14. Jh.),
Dialog zwischen Mutter und Tochter über das höfische Frauenideal und die Minne.

Grafik Innenseite: Geyser-Illustration aus der Weygand-Originalausgabe, Leipzig 1794.

ISBN 978-3-95488-470-4

Brunilde: Leipzig in der Weygandschen Buchhandlung 1790.
Meinhard: Leipzig in der Weygandschen Buchhandlung 1794.

Hergestellt in Leipzig, Germany (EU)
www.engelsdorfer-verlag.de

11,50 Euro (D)

Die Leipziger Schriftstellerin Christiane Benedikte Naubert

C.B. Naubert wurde am 13. September 1752 in Leipzig geboren.

1752 ist erst seit dem Jahr 2010 als ihr Geburtsjahr bekannt, als Thomas Hoffmann, ein Leipziger, der sich für Genealogien und Kirchenbücher interessiert, im Taufverzeichnis der Leipziger Nikolaikirche das korrekte Jahr ihrer Geburt entdeckte. Bis dahin galt, dass Naubert 1756 geboren wurde, und so wird es auch noch in anderen Veröffentlichungen zu finden sein.

Wer aber war sie?
C.B. Naubert war eine außerordentlich erfolgreiche Schriftstellerin der Goethe-Schiller-Zeit.
Sie ist die Begründerin des modernen historischen Romans. Ihren ersten historischen Roman veröffentlichte sie **1785**, über 50 Romane sind von ihr erschienen. Außerdem schrieb sie von 1789 bis 1792 die Märchensammlung „Neue Volksmärchen der Deutschen" - vier Bände, Wilhelm Grimm besuchte Christiane Benedikte Naubert im Jahr 1809.

Aber während Goethe, Schiller und die Gebrüder Grimm auch heute noch allgemein bekannt sind, gerieten die zur gleichen Zeit wirkenden Schriftstellerinnen in Vergessenheit - ein Schicksal, das Christiane Benedikte Naubert teilte.
Von ihren Zeitgenossen wurden Nauberts Bücher geschätzt, sie wurden europaweit in vielen Übersetzungen publiziert. Da Naubert anonym schrieb, hielt man ihre Romane für die Werke eines gelehrten Mannes. Erst 1817 wurde ihre Anonymität aufgedeckt.
Mit ihrer Anonymität nahm Naubert auch Rücksicht auf die geachteten, bekannten Männer ihrer Familie. Naubert entstammte den Leipziger Juristen- und Gelehrtenfamilien Bosseck und Hebenstreit. Zu ihrer Zeit waren sie hochgeschätzte Leipziger Persönlichkeiten: der Jurist und Senior des Schöppenstuhls Benjamin Gottlieb Bosseck, Nauberts Großvater; der Mediziner und Naturforscher Johann Ernst Hebenstreit, Nauberts Vater; ihre Brüder Georg Ernst, Theologe und Heinrich Michael, Historiker und Jurist. Ihr jüngerer Bruder Ernst Benjamin Gottlieb und ihr Neffe, Sohn ihrer Schwester, Johann Christian Clarus, waren Mediziner, letzterer bekannt als Woyzeck-Gutachter. Dieser gelehrte familiäre Hintergrund ermöglichte ihr die notwendigen Studien und Bibliothekszugänge, die sie für ihre historischen Romane benötigte.

Bis zu ihrer Heirat 1797 lebte sie in Leipzig, dann in Naumburg. 1818 kam sie nach Leipzig zurück und starb hier am 12. Januar 1819.

Viel gäbe es noch über Naubert zu schreiben – und dies wurde in neuerer Zeit auch getan, so promovierte im Jahr 2005 die britische Germanistin Hillary Brown mit der Arbeit „Benedikte Naubert and Her Relations to English Culture", sie nimmt u. a. Bezug auf Nauberts Einfluss auf die Romane von Walter Scott. Im Jahr 2010 erschien die Veröffentlichung der Germanistin Claudia Hareter „Benedikte Naubert: Eine Untersuchung der Lage einer Schriftstellerin in der Goethezeit".

Zwei „historische Miniaturen" wurden transkribiert und in dem hier vorliegenden Buch neu herausgegeben. Ausgewählt wurden zwei Kurzromane Nauberts – ihre Romane umfassen im Normalfall zwei Bände mit je um die drei- bis vierhundert Seiten im Original aus dem 18. Jahrhundert.
Für die Anekdote „Brunilde" steht die Autorenschaft von Naubert zweifelsfrei fest.
Für „Meinhard" liegt keine Autorenkennzeichnung vor. Ob Naubert die Autorin ist, oder ob sie es nicht ist, wird nach zwei Jahrhunderten möglicherweise nicht mehr feststellbar sein. Die Namen der agierenden Personen sind Namen, die sie gern verwendet. Ein ganz typisches Naubert-Merkmal fehlt allerdings: die Anrede des *Lesers*. Dafür ist in „Meinhard" Lyrik enthalten, wie in ihrem frühen Roman „Geschichte Emma's".

Gern überlasse ich es Ihnen, als *Leser*, Vergleiche zwischen den Schreibstilen anzustellen – am Ende sind jedenfalls beide Miniaturen „tödlich", wie zumeist bei Christiane Benedikte Naubert.

Seit 2006 gibt der Engelsdorfer Verlag jedes Jahr einen ihrer Romane neu heraus, als Transkription – um Christiane Benedikte Naubert auch für heutige Leser wieder bekannt, erschwinglich und lesbar zu machen. Anlässlich ihres 260. Geburtstags erschien am 13.9.2012 zum Beispiel ihr erster Roman in Neuauflage als Paperback-Ausgabe: „Geschichte Emma's Tochter Kayser Karls des Grossen".

Eine Gedenkplatte zur Anbringung am Nachfolge-Gebäude ihres Geburtshauses in Leipzig (Standort ehem. König-Salomon-Apotheke) ist bereits in Arbeit, dank Thomas Hoffmann.

Dieses Buch soll zum Zeitpunkt der möglichen Gedenkplatten-Anbringung zum 261. Geburtstag, am 13.9.2013, erscheinen. Es muss ja nicht immer ein runder Geburtstag sein.

Leipzig, September 2013
    Sylvia Kolbe

Von der Herausgeberin an die Kurzromane angefügt: jeweils eine kleine Übersicht zu einigen historischen Personen und ihren Orten, sowie Worterklärungen– letzteres soll dem Verständnis historischer Wortbedeutungen etc. dienen (genutzt wurde u. a. das Deutsche Wörterbuch von Jacob Grimm und Wilhelm Grimm als Online-Ausgabe sowie Wikipedia – Die freie Enzyklopädie).

Thomas und Karen mit herzlichem Dank gewidmet!

Brunilde.

Eine Anekdote

aus dem bürgerlichen Leben

des

dreizehnden Jahrhunderts.

Leipzig,
in der Weygandschen Buchhandlung.
1790.

Die Sucht der Kleinen, es den mittlern Ständen gleich zu thun, und das thörichte Bestreben dieser, sich in die Sphären der Grossen zu drängen, scheint keine Krankheit zu seyn, die dem achtzehenden Jahrhundert ausschliessend eigen ist; auch in der grauen Vorzeit finden wir Spuren derselben. Freilich hat die Geschichte, welche sich immer mehr beschäftigte, um das aufzuzeichnen, was Einfluß ins Große hat, nur wenig Winke von Dingen dieser Art aufbehalten, ungeachtet sie noch für die die heutige Welt eine gute Lehre mit sich führen könnten; und auch die kleine Geschichte, meine Theuern, die ich euch jetzo mittheile würde unter tausend andern verloren und vergessen worden seyn, wenn sie nicht Veranlassung zu in die Augen fallenden Revolutionen geworden wär, wenn sie nicht einen Fürsten aus seinem Reiche getrieben, und ihn endlich einem schmählichen Tode entgegen geführt hätte.

Zur Zeit, als Kaiser Friedrich der andere den Unfug des raubsüchtigen Adels einzusehen, und dem selben zu steuern begunnte, traf seine strafende Hand auch die Burgen des alten Ademars von Küenring, welcher das strenge Urtheil, das über ihn gefällt wurde, um so viel mehr verdiente, da er demselben besonders lange getrotzt, und bey mehreren Unthaten, als seine übrigen Raubgenossen, durch List, zum Schein gelobte Besserung, und heimliche Schenkungen an die, welche Friedrichs Herz in den Händen hatten, der Strafe zu entgehen wußte.

Jetzt lagen seine Schlösser in der Asche, seine Söhne Ademar und Heinrich waren vom Schwerd aufgerieben, oder entflohen, und er selbst hatte den Kopf auf einem Steine im Vorhof seiner Burg hingeben müssen, den er sonst mit dem Blut manches wackern Reisenden gefärbt hatte, wenn die Beute, welche seine Knechte bey ihm fanden, nicht groß genug war, oder wenn er fürchten mußte, sein Leben und seine Freylassung möchte die Rache herbeyrufen, da er hingegen hoffen konnte, im verschwiegenen Grabe alles zu verbergen, was ihm Ungelegenheit machen, oder Verantwortung zuziehen könnte.

Daß Küenring sich in seinen Hoffnungen doch endlich betrogen fand, haben wir gesehen; auch das mit Erde verdeckte Blut hat seine Stimmen, die der Rächer endlich hört. Jetzt waren Küenrings Burgen schon seit mehrern Wochen öde Behausungen des Entsetzens, die Rache eines gerechten Fürsten hatte keinen Stein auf dem andern gelassen, auf den noch übrigen Trümmern klebten Spuren des hier vergossenen Bluts, und auf der ganzen Gegend umher ruhte noch eine Wolke von Rauch, das Ueberbleibsel der

Flammen, die hier gewüthet hatten; lang hatten die dicken Mauern der Veste geglimmt und geraucht, und die feuchte Herbstwitterung verhinderte, daß sich die todathmende Luft nicht sobald reinigen konnte.

Vor diesen scheuslichen Ruinen zog am Sankt Martini Abend ein wackerer Kaufmann aus einer kleinen Landstadt über, sein Name war Nikolaus Seifried, und sein Weg gieng nach Wien, wo eine Art von Jahrmarkt in den nächsten Tagen bevor stund. Sein Roß gieng in sanftem Trabe, ein oder zwey wohlbeladene Karren mit guten Waaren folgten gemachsam nach, und er sah öfters nach ihm zurück, als trage er noch einige Sorge, ob auch seine Güter die ehemals gefährliche Gegend glücklich passiren würden. Er hatte den alten Küenring und seine Tücke nur gar zu wohl gekannt, war einst selbst in seinen Händen gewesen, und denselben nährlich entkommen. Ursach genug für ihn, über den Fall des Bösewichts zu frolocken. Aber Seifried frolockte nicht; er war ein gutmüthiger Mann, dachte zwar in seinem Sinn, daß es gut sey, daß hier der Kaiser gerichtet habe, daß aber doch vielleicht sein Rächerarm mehr und grausamere Streiche geführt haben möge als nöthig gewesen wäre.

Neugier trieb ihn, sich näher zu wagen, als in Jahren kein Reisender gethan hatte, er sah durch zwey Haufen von Schutt und Kohlen, die ehemals die Pfosten des hohen Thors waren, hinein in den weiten Hof, und erblickte in der dunkelsten Tiefe desselben eine Figur, welche auf einem Stein zusammengekrümmt saß und einen kleinen Glutnapf vor sich hatte, welchen sie, wie er in der Ferne nicht genugsam unterscheiden konnte, entweder brauchte den erstarrten Händen Leben zu geben, oder sich irgend eine Speise auf demselben zu bereiten.

Ein menschliches Wesen in dieser Einöde war dem Reisenden etwas befremdendes, und der Gedanke der Hülfsbedürftigkeit, der unausbleiblich mit dieser Erscheinung verbunden war, machte ihn warm um das Herz. Er band sein Pferd an einen Thorhaken, den die Flamme nicht hatte zerstören können, und schlich leise hinein, um sich besser zu unterrichten.

Im näher kommen entdeckte er, daß der Gegenstand seiner Neugier eine weibliche in Lumpen gehüllte Figur war, welche Rüben auf Kohlen briet, und schon während der Zubereitung sich davon zu sättigen begunnte.

Ein Geräusch, das er unversehens machte, verrieth ihn, und erfüllte das arme verschüchterte Geschöpf mit solchem Schrecken, daß sie aufsprang, und alles was sie vor sich hatte, in den Staub warf.

Jungfrau, sprach der selbst erschrockene Kaufmann, ich habe euch erschreckt.

Nicht allein dieses, sondern ihr habt mich auch um meine elende Abendmahlzeit, die erste seit vorgestern, gebracht.

Ich hoffe, der Schade läßt sich ersetzen. Nehmt dieses Goldstück, oder sagt, was ich sonst noch für euch thun kann.

Geld? ich nehme kein Geld! – Ich werde es nie nehmen! Eher in meinem Elend sterben, als mich wie eine Bettlerinn behandeln lassen.

Jungfrau, wer seyd ihr? fragte Nikolaus, welchem es auffiel, die, welche das Gewand der äussersten Armuth trug, die, welche schweigend eingestand, daß der Verlust einiger gebratenen Rüben ihr wichtig genug sey, um ihr Thränen auszupressen, die Hand der Mildthätigkeit von sich stieß.

Sie antwortete nicht, sah ihn auch nicht an, sondern beschäftigte sich, die hingefallenen Kohlen nebst den Trümmern der verunglückten Mahlzeit mit dem Fusse zusammen zu stossen. Ihre Thränen troffen auf ihren Busen, und ein klägliches Schluchzen war der einige Laut, den sie von sich gab.

Jungfrau, rief der mitleidige Kaufmann, ihr jammert mich. Die Nacht bricht an, hier in diesem öden Gemäuer könnt ihr nicht bleiben.

O ich mußte schon manche Nacht hier verweinen.

Wollt ihr euch mir vertrauen? – So bring euch mein Roß in einer Stunde an einen Ort, wo Kleidung, Wärme, Nahrung und alles was ihr nöthig habt, euch werden soll, ihr wißt, ich bin euch Ersatz eurer Abendmahlzeit schuldig.

Sie strich die verworrenen Locken, die ihr Gesicht bedeckten, aus den Augen, sah ihn einige Minuten starr an, bot ihm dann die Hand und überließ sich ihm. Er nahm sie vor sich auf sein Pferd, und brachte sie in ein Bauerhaus eine halbe Meile von dem Orte, wo er sie gefunden hatte, wo er sie der ihm bekannten Bewohnerinn empfahl, des andern Tags wiederzukommen versprach, und seinen nun voraus gezogenen Gütern nacheilte, die er, ganz wider Kaufmannssitte, diese Zeit über fast völlig vergessen hatte.

Beym nächsten Besuch fand er seine gefunden Dame in reinlicher Kleidung, ohne Thränen, bey besserer Laune, und gesprächiger als des ersten Tages. Noch hatte sie ihm nicht für seine Gutherzigkeit gedankt, heute that sie es. Auch erwartete sie nicht die Wiederholung der Frage: wer sie sey, sondern, sie gestand unaufgefordert, sie sey Hedwig die Tochter des gerichteten Ademar von Küenring, welche sich, an dem Schreckenstage, der sie um alles brachte, was ihr theuer war, um Vater, Brüder, Glück und Vermögen, mit Mühe vor dem Wüthen der Rächer in einen Keller verborgen habe, und erst des dritten Tags, als die Flammen zu wüthen aufgehört hatten, von Rauch und Hitze halb erstickt hervorgekrochen sey, um zu sehen, ob man ihr nichts übergelassen habe, die Ueberreste eines elenden Lebens zu fristen.

Ich war nicht allein, fuhr sie in ihrer Erzehlung fort, meine Schwester Kunegunde war bey mir. Wir fanden unter glühenden Steinen an einem uns bekannten Orte noch etwas vergrabenes Geld, das unser Vater auf den ärgsten Fall hier verborgen hatte, und das uns wenigstens zum Unterkommen in einem Kloster hätte dienen können, aber Räuber kamen über uns, sie nahmen mir alles, selbst meine Kleider. Auch meine Schwester nahmen sie mit sich, mich liessen sie zurück, weil ich ihren Augen nicht gefiel, und weil sie sahen, was auch ihr sehen werdet, daß ich lahm bin. Eure Mildthätigkeit hat sich hieran nicht gestoßen, und ich danke euch für eure Hülfe; wolltet ihr aber nun mich verlassen, so wär es eben so gut gewesen, wenn ich unter den Ruinen meiner Burg verdorben wär. Vielleicht hätte ich nun schon das Aergste überstanden und schlief mit meinem Vater und mit meinen Brüdern den ewigen Schlaf der Vergessenheit.

Nikolaus fragte die Dame, was sie von ihm wollte gethan haben, sie überließ ihm die Wahl, und er entschloß sich, sie in ein Kloster zu bringen, worein sie aber nur unter der Bedingung willigte, daß ihr Name verschwiegen bleiben solle, den sie nicht durch ihr Elend entehren möchte; eine Aeußerung, die dem Kaufmann abermal befremdend war.

Hedwig lebte eine Zeitlang in einem Kloster, wo sie ihr Retter am Sprachgitter fleißig besuchte. Herr Nikolaus Seifried war ein weidlicher Mann, wenig über vierzig. Seine Person war schön, sein Betragen über seinen

Stand, sein Verstand gut, sein Herz unverbesserlich und sein Vermögen groß; eine Menge Eigenschaften, welche ein Mädchen seines Standes hätten glücklich machen können, gleichwohl war er noch unverehelicht, und schien bis daher es bleiben zu wollen. Die Ursach lag in einem Vorurtheil, das er auf seinen Reisen eingesogen hatte. Nikolaus hatte Rom gesehen, hatte lange Zeit an des Kaisers Hofe gelebt, seine Geschäfte, welche damals vornemlich in Juwelenhandel bestanden, hatten ihm Zutritt in den Pallästen der Grossen verschaft, er hatte dort den Ton der damaligen grossen Welt lieb gewonnen, hatte Damen gesehen, die er geliebt haben würde, wenn sie keine Damen gewesen, und deren Andenken ihm nun alle weiblichen Geschöpfe verleidete, auf die er die Augen hätte werfen können. Schönheit, Reitz und Unschuld kamen hier nicht in Betracht, denn diese Vorzüge hätte er in den Ständen, welche mit dem seinigen in gleicher Reihe standen, zu den damaligen Zeiten wohl eher als in den höhern Klassen finden können; sein Wunsch bey einer künftigen Gattin bestand vornehmlich in einer gewissen Feinheit, in einem ausgebildeten Verstand, in Kenntniß der Weltsitte, und ähnlichen Dingen, die man zu jenen Zeiten bey Erziehung eines Bürgermädchens ganz versäumte. Er wünschte eine Gesellschafterinn, keine Wirthschafterinn, oder Spinnerinn, er hatte zwanzig gute reizende Geschöpfe übersehen, weil er ihnen zutraute, daß sie nur zu den letztern taugten, und vergaß, daß sein Umgang, sein Unterricht vielleicht schlafende Talente in einer guten Gattinn wecken könnte, die sie nur der Erziehung wegen nicht haben konnte.

Jetzt sah er Fräulein Hedwig täglich, welche weder schön noch liebenswürdig war, wider deren Charakter er tausend Zweifel hätte haben können, wenn er aufmerksam gewesen wär, aber sie besaß unendlich viel Feinheit, besaß den vollen Hofton, hatte Fürstenhöfe gesehen, und wußte davon zu sprechen, wie er, hatte die Gabe stets unterhaltend zu seyn, und zum erstenmal in seinen reifern Jahren, fiel ihm das Wort Heyrath ein. Jetzt war die Möglichkeit, sich eine Dame zur Lebensgefärthin zu eigen zu machen, die er so oft hierbey gewünscht hatte, bey der Hand. Fräulein Hedwig von Küenring war in einer solchen Lage, daß sie zu dem kühnen Antrage eines Bürgers nicht nein sagen konnte, ohne eine Thörinn zu seyn, und der kühne Antrag wurde beschlossen. Als ein vernünftiger Mann legte er sich zwar noch einige Fragstücke vor, aber sie wurden von seinem Herzen alle befriedigend beantwortet, und es blieb bey seinem Entschlusse.

Sie ist gleichwohl, wenn man allen Dingen ihren rechten Namen giebt, die Tochter eines Räubers, sagte er zu sich selbst. – Aber ein Fräulein und aus einem alten Geschlecht.

Sie ist nicht schön, – aber desto unterhaltender.
Etwas lahm – schadet nichts; sie ertanzte sich diesen Fehler, als bey der Vermählungsfeyer eines Fürsten der Tanzsaal einfiel *).

Einige Spuren von Stolz und Leichtsinn finden sich wohl in ihrem Charakter; – kleine Fehler, die einer Dame von Stande verziehen werden müßen, und die in der Stille des bürgerlichen Lebens verschwinden werden.

So räsonirte Herr Nikolaus, und ob er klug räsonirte, wird die Folge lehren; auch können wir dem Leser die Zweifel, die er etwa hier in den zuvor gerühmten guten Verstand des Kaufmanns zu setzen beliebt, nicht verdenken.

Fräulein Hedwig nahm den Antrag ihres Wohlthäters an, wie eine Dame, machte alle Bedenklichkeiten, die ihr angestanden haben würden, wenn sie noch auf ihres Vaters festem Schlosse gesessen hätte, und willigte endlich ein, doch nur auf eine Bedingung: Herr Nikolaus sollte die kleine Landstadt verlassen, in welcher er bisher in der Nähe ihres Klosters ruhig gelebt hatte, und sich nach Wien begeben. Gern hätte sie noch hinzugesezt: und den Handelsgeschäften für die Zukunft entsagen; aber sie kannte den Fleiß des arbeitsamen Manns, fühlte auch wohl, daß der Handel die Quelle seines Reichthums sey, besorgte Abschlag, und behielt sich also diese Klausul bis auf die Zukunft vor.

Hedwigs Forderung, was die Veränderung des Wohnorts anbelangte, ward eingegangen. Sie ward Seifrieds Frau, und man begab sich nach Wien.

Zur selbigen Zeit war die Stadt, welche die Neuvermählte vor andern zu ihrem Aufenthalt gewählt hatte, eben kein wünschenswerther Ort für den, welcher den Frieden liebte. Zwistigkeiten des Vaters und des Sohns verun-

---

*) 1225, als Kaiser Friedrich seinen Sohn mit Margarethen von Oesterreich, und den Bruder dieser Dame mit Richarde von Thüringen vermählte, brach, als auf der Burg oder Veste ein Tanz gehalten ward, der Boden des Saals, also, daß an die siebenzig Herren und Frauen, Grafen und Ritterstandes, theils vom Fall getödet, theils hart verletzt wurden, und hat sich selbst der Kaiser nährlich an einem Fenster erhalten.

ruhigten sie. Herzog Heinrich von Oesterreich, welchen die Nachwelt mit dem Zunamen des Gottlosen nennt, hatte sich von Ottokarn, damahligen Marggrafen in Mähren, aufhezen lassen, sich wider seinen Vater zu empören. Mit Gift und Dolch, mit List und Gewaltthat bedrohte er das Leben seiner nächsten Blutsverwandten. An ihn hingen sich allerley lose Leute, auch Heinrich und Ademar von Küenring, [*) Hedwigs heimlich der Rache entschlüpfte Brüder, hingen sich an ihn. Sie waren dem jungen ruchlosen Prinzen in allen Bosheiten behüflich, beraubten die Schätze seines Vaters, sengten und brennten im Lande, und fuhren fort dieses Unwesen zu treiben, auch nachdem Herzog Heinrich nicht mehr war, sondern bereits seinen Geist an Ottokars Hofe durch einen gewaltsamen Tod aufgegeben hatte.

Die Küenringe wurden fürchterlich; ihr Name war ein Fluch im Lande, und der ehrliche Seifried konnte ihn nie nennen hören, ohne daß ihm ein Dolch durchs Herz fuhr, sein Weib war eine von Küenring, ihr Vater und ihre Brüder waren Ruchlose, ihre Schwester, deren Namen man jetzt wieder zu nennen begunnte, lebte an Ottokars Hofe in einem zweifelhaften Rufe; sollte Hedwig der einige gute Zweig von einem bösen Stamm seyn? Noch hatte er keine Ursach über sie zu klagen, als bestätigte Erfahrung von Stolz, Leichtsinn und Liebe zum Müßiggang, übrigens lebte sie eingezogen in den Mauern seines Hauses. Sie selbst schämte sich des Namens Küenring, und schämte sich noch weit mehr, durch Ablegung desselben nichts weiter geworden zu seyn, als die Frau eines Kaufmanns. Da sie also nur einen kleinen Würkungskreis hatte, ihre Untugenden zu üben, da Verführung von aussen nicht möglich war, so ward es ihrem Manne noch leicht, sie im Zaume zu halten, und noch hatte es ihn nicht gerade zu gereut, sie zu seiner Gattin gemacht zu haben. Sie schien würklich eine Art von Liebe und Dankbarkeit für ihn zu fühlen, war die meiste Zeit liebenswürdig und unterhaltend für ihn, und hatte ihn noch überdies zum Vater zweyer schöner Kinder gemacht, die sie ganz nach den Grundsätzen des vornehmen Lebens erzog, und die auf alle Art Hofnung gaben, ihrem Vater einst Ehre zu machen. Gern überließ er ihr die Leitung ihres Verstandes und ihrer

---

[*) Von Birken Spiegel der Ehren. Pag. 179. Tom I.
(Sigmund von Birken,: Spiegel der Ehren des Hoechstloeblichsten Kayser- und Koeniglichen Erzhauses Oesterreich: oder Ausführliche GeschichtSchrift von Desselben, und derer durch Erwählungs-, Heurat-, Erb-, u. Glücks-Fälle ihm zugwandter Käyserlichen Höchst-Würde, Königreiche ...; Nürnberg, 1668; ergänzende Fußnote von SK)

Sitten, worinn er glaubte ihr ohne Einschränkung trauen zu können, aber die Bildung ihres Herzens behielt er sich selbst vor, weil er wünschte, seinen Kindern die volle Redlichkeit und Tugendliebe einflößen zu können, deren er sich selbst bewußt war. Seine Bemühungen glückten noch besser bey der Tochter als bey dem Sohne; Wendelin war der Liebling seiner Mutter, und sie vergaß nicht sein Gehirn frühzeitig mit hochfliegenden Phantasien zu erfüllen, aber die junge Brunilde, von ihr nicht sonderlich geachtet, fiel mehr der Zucht des Vaters anheim, und ward unter seiner Aufsicht das liebenswürdigste Geschöpf, welches sich denken läßt. Brunilde war schön, und da sie den Weltton und die Talente, welche man ihrer Mutter nicht absprechen konnte, sich ganz zu eigen gemacht hatte, und gute Sitten mit der Redlichkeit ihres Vaters verband, so konnte man sie wohl vollkommen nennen.

Um die Zeit, da Brunilde das funfzehente Jahr erreicht hatte, und mit dem vollen Glanz jugendlicher Reize zu blühen begunnte, kam Herzog Friedrich, der Bruder des obengenannten gottlosen Heinrichs, nach dem Tode seines Vaters an die Regierung. Man nennte ihn wegen seiner Liebe zu den Waffen Friedrich den streitbaren; Höflinge und Höflinginnen gaben ihm wegen seiner angenehmen Aussenseite den Zunahmen des Schönen, und die, welche das ganze All seines Charakters in einem Worte zusammenfassen wollten, nannten ihn den Leichtsinnigen. Wie sehr er diesen Beynamen verdiente, könnte ich mit mehreren Beyspielen beweisen, wenn ich gesonnen wär, seine Geschichte zu schreiben; da es hier aber nur auf eine einzige Anekdote aus den Zeiten seiner Regierung ankommt, mögen sich die Leser sein Bild, aus der Rolle, welche er in derselben spielte, selbst entwerfen, und zusehen, in wie weit es mit jener Benennung übereinkommt.

Friedrich war ein tapferer und glücklicher Fürst, seine Lande mehrten sich, seine Feinde bebten vor ihm, die Stimme des Aufruhrs schwieg, er übte Rache an den Rebellen, und niemand durfte sich ihm widersetzen. Die Pracht und der Reichthum, der sich besonders in seiner Residenz zusammen häufte, zog viel Ausländer herbey, und selbst Fürsten kamen, bald öffentlich, bald unter erborgten Namen aus weiter Ferne, der seltenen Lustbarkeiten zu genießen, durch welche sich der Hof des Herzogs von Oesterreich weit über den kaiserlichen erhob.

Unter den Fürsten und Herren, welche sich aus dieser Ursach zu Wien im strengsten Inkognito einfanden, war auch Marggraf Ottokar aus Mähren; er war nie ein sonderlicher Freund des österreichischen Hauses gewesen, und man thut ihm vielleicht nicht unrecht, wenn man ihm bey seinem heimlichen Besuch Absichten von mehrerer Deutung zuschreibt, als den Wunsch, sich mit Ablegung des lästigen Fürstenglanzes einmal im Gebiete eines andern königlich zu erlustigen, Dinge, welche übrigens nicht hieher gehören.

Ottokars Inkognito war von anderer Natur als das allgemeine Inkognito großer Herren, war keine durchsichtige Hülle, unter welcher man den Stern verrätherisch hervorblicken sieht. Es war sein wahrer Ernst, hier unter keinem andern als dem erborgten Namen Ritter Ulrich Baumgartens aus Schweizerland bekannt zu werden. Sein Gefolg bestand aus niemand als aus noch einem Ritter, welcher für seinen Waffenbruder gelten mußte, einer Dame, welche den Namen der Gemahlinn des letzten führte, und verschiedenen Knappen. Sein Aufzug war auch im übrigen nichts weniger als fürstlich, und da er auch in seiner Person wenig auszeichnendes hatte, so war er sicher, hier auf keine Art entdeckt zu werden.

Die Dame, welche ihn begleitete, und die ihm weit näher anging, als demjenigen, dessen Gemahlinn sie sich hier nennen mußte, hatte, ob sie gleich keine Fürstinn war, auch ihre Ursach, in Wien ihren wahren Namen nicht kund werden zu lassen. Sie war eine gebohrene von Küenring, war Hedwigs Schwester, die jenesmal aus Räuberhänden durch Abentheuer an Ottokars Hof gekommen war, und jetzt diesen Fürsten so gefesselt hatte, als Leichtsinn und Ausgelassenheit durch die ausgesuchtesten Künste der Buhlerey nur gefesselt werden können.

Der Name Küenring hatte jetzt dadurch einen neuen Schandflecken erhalten, daß die beyden Brüder dieses Namens, deren wir im vorhergehenden gedacht haben, und welche Friedrichs Lande bisher durch Aufruhr, Mord und Brand beunruhigt hatten, seiner Macht weichen mußten, und dem schmählichen Tode, welcher ihren Mitrebellen traf, nur dadurch entgingen, daß sie sich vor dem Arm des Rächers durch Flucht und Verbergung zu sichern wußten. *) Kunigunde von Küenring würde thöricht gethan haben, sich für die Schwester dieser Elenden öffentlich zu bekennen, aber ganz unbekannt konnte und wollte sie nicht bleiben.

Sie wußte, daß ihre Schwester Hedwig in Wien verheyrathet war, und ob sie gleich ihrem Urtheil nach ein erschreckliches Misbündniß getroffen hatte, so war sie doch herablassend genug, die demüthige Frau Seifried in ihrem Hause zu besuchen, und sich ihr zu nennen. Schwesterliche Liebe

---

*) Ademar starb als Layenbruder im Kloster zu Zwetthal. Henrich scheint ein heimliches Rachopfer der Gerechtigkeit geworden zu seyn.

war es wohl schwerlich, was sie hierzu antrieb, Hedwig und Kunigunde waren wohl Schwestern, aber nie Freundinnen gewesen, Wunsch, sich der ihren Gedanken nach so tief herabgewürdigten Edeldame in ihrem Glanze zu zeigen, war es, was sie in Seifrieds Haus trieb. Die Buhlerinn eines Fürsten zu seyn, dünkte ihr weit rühmlicher als der Name der Gattinn eines ehrlichen Bürgers; sie nahm sich vor, die arme Hedwig tief zu demüthigen, und ihr, ungeachtet des geschärften Verbots Marggraf Ottokars, nicht zu verschweigen, in was für einem Verhältniß sie mit diesem Fürsten stehe.

Hedwig war schwach, Ehrbegierde kannte sie wohl, aber nicht Begier nach wahrer Ehre. Kunigundens glänzende Erscheinung demüthigte sie tief, sie fand den kläglichen Rang, den sie behauptete, über den Stand, den ihr das Glück angewiesen hatte, so ehrenvoll, so beglückend er ihr auch hätte seyn können, wenn sie gewollt hätte, weit erhaben. Sie fing an ihren Mann herzlich zu hassen, weil die Verbindung mit ihm sie in den Bürgerstand hinabgezogen hatte, sie glaubte, ohne ihn hätte sie wohl auch noch solch ein Glück wie ihre Schwester machen können. Daß sie zu der Rolle des glänzenden Lasters nicht schön genug war, bedachte sie nicht, auch vergaß sie ganz, wie viel sie dem redlichen Seifried zu danken hatte, ohne dessen Hilfe sie in den Ruinen ihrer verödeten Burg hätte umkommen müssen.

Der wackere Kaufmann zählte nach dem Besuch Kunigundens lauter traurige Tage. Eine Laune kam bey seiner Frau zum Vorschein, die er noch nicht an ihr kannte, und welche sich weder durch Bitten, Vorstellungen, noch Drohungen mildern ließ. Die Ursach ihres ausgelassenen Betragens kannte er nicht, er wußte nicht, welch ein böser Geist, wußte nicht einmal, daß ein solcher in seinem Hause gewesen war und den häuslichen Frieden mit sich hinweggenommen hatte.

Er hätte seinen Heiligen danken mögen, wenn Kunigunde ihren Besuch nur nie wiederholt hätte, aber leider erschien sie von neuem; abermal in seiner Abwesenheit, neues Unheil auszustreuen, und den Kopf ihrer beklagenswürdigen Schwester vollends ganz zu verrücken.

Hedwig, sagte sie, du jammerst mich, und der Umstand, daß du dein Elend und meine Ueberlegenheit begreifst, welche dir sonst nie einleuchten wollte, macht, daß ich dir wohl will. Traure nicht, ich will dich nicht verlassen. So lang ich hier nebst meinem geliebten Fürsten verweile, will ich dich unabläßig besuchen, und dir mit Rath an die Hand gehen, wie etwa deine Lage erträglich zu machen wär. Die Ehre unserer Ahnen ist freylich durch die verdrüßliche Misheyrath auf immer verscherzt, aber darum nicht die Freuden des Lebens. Ich sehe nicht, warum du dich in die traurigen Mauern deines Hauses einschränkst; ist dein Mann auch nicht im Stande, dir den Glanz wieder zu geben, welcher deiner Geburt zukommt, so kann er dir doch all die Vergnügungen verschaffen, auf welche du als eine Edeldame Anspruch machen darfst. Wie du sagst, ist Herr Seifried reich, was hält dich ab, sein Vermögen zu nutzen, und Theil an all den Lustbarkeiten zu nehmen, von welchen Wien jetzt wiedertönt? – Du schweigst? du hältst dich zu schwach, deinen Mann zu seiner Schuldigkeit anzuweisen? – Wohl gut, ich trete auf deine Seite, und es wär kein Glück, wenn unserer Zwey den Bürger nicht gefällig machen sollten. Ich werde dich besuchen, wenn er zugegen ist. Trage Sorge, mich ihm auf die Art bekannt zu machen, wie ich ihm bekannt seyn will. Um dir Ehre zu machen, und Ansehen bei ihm zu verschaffen, bin und bleibe ich deine Schwester; aber mein Verhältniß mit dem Marggrafen bleibt ihm ein Geheimniß, er muß mich für die Gemahlinn desjenigen halten, nach dessen Namen mich hier die Welt nennt. Du siehst, was diese Dinge für Eindruck auf ihn machen müssen, die schöne, reiche, geehrte, glücklich vermählte Schwester seiner Frau muß einen Glanz auch auf sie zurückwerfen. So lange ich hier bin, genießest du in meiner Gesellschaft alle Freuden der großen Welt, so weit der Name der Frau Seifried dir Zutritt in den glänzenden Zirkeln verstattet, und habe ich denn Wien verlassen, so wirst du schon klug genug seyn, dir die Vortheile, die ich dir gewonnen habe, nicht wieder aus den Händen winden zu lassen. –

O Schwester! rief Hedwig, die die Rednerinn schon verschiedene Mal zu unterbrechen gestrebt hatte, Schwester! wie soll ich dir für deine weisen Rathschläge danken!

Davon ein andermal, sagte Kunigunde. Du siehst, ich brauche deine Dankerweisungen nicht, denn mein Fürst läßt es mir an nichts fehlen; doch würde es grausam von mir seyn, einer Schwester, die die Frau des reichen Seifried ist, alle Möglichkeiten, mir mit Kleinigkeiten Freude zu machen, abzusprechen.

Kunigunde wurde Herrn Seifried als die Schwester seiner Gattin vorgestellt, und er, der nicht wußte, was für Unheil diese Unholdinn in sein Haus brachte, besaß zu viel Lebensart, und ach noch zu viel Schwachheit für die höhern Stände, um einer Dame, die sich nicht schämte, ihn Bruder zu nennen, kaltsinnig zu begegnen. Ueberdem hatte Kunigunde ungemein viel

Einnehmendes, und war zu gewiß da zu gefallen, wo sie gefallen wollte, als daß sie die Wohlmeynung des ehrlichen Nikolaus hätte verfehlen sollen. Da sie öfter in sein Haus kam, so gab es Gelegenheit vertraulicher zu werden; Seifried klagte seiner vornehmen Schwester die üble Laune, welche er seit einiger Zeit an seinem Weibe bemerkte, und Kunigunde war schnell mit der Erklärung da, dieses entstehe von der trübseeligen Einsamkeit, welche in seinem Hause herrsche, welcher sie die Bitte hinzufügte, die Schwester zuweilen durch Genuß der Lustbarkeiten, von welchen jetzt jedermann genöße, zerstreuen zu dürfen.

Seifried konnte selten Nein sagen, und Hedwig ward also von nun an Kunigundens Belgeiterinn bey allen öffentlichen Vergnügungen, an welchen sie, ohne von dem demüthigen Namen einer Bürgerinn gehindert zu werden, Theil nehmen konnte.

Was man jetzt Redouten nennet, nannte man damals Mummereyen, und Hedwig war sicher bey keinem diese Feste der Narrheit, die man damals in Teutschland zuerst sah, und sie bis zur Raserey liebte, zu fehlen. Das Vergnügen, welches man auswärts genoß, wurde im Hause wiederholt. Kunigunde brachte zu den Gelagen in Seifrieds bis jetzt so stiller Wohnung, ihren sogenannten Gemahl und bald auch ihren fürstlichen Liebhaber unter seinem angenommenen Namen mit sich. Man befand sich wohl bey des Bürgers wohl besetzter Tafel und dem herrlichen Wein aus seinem Keller, und er, der gute Kaufmann, war schwach genug, sich durch die vornehmen Gäste geehrt zu finden, und sich bey dem grossen Ton, der in seinem Hause zu herrschen begunnte, seine unter den Großen verlebten besten Tage mit Entzücken zurück zu rufen.

Man wird mir sagen, daß es nicht wahrscheinlich sey, daß Kunigunde, daß sogar Ottokar sich ohne wichtige Ursach zur genauen Verbindung mit einer niedern Race von Menschen herab gelassen haben, deren sie entbehren konnten, und ich bin gleich bereit, meinen Lesern hierüber Aufschluß zu geben. Ottokar war ein Fürst, aber kein allzureicher Fürst, war Marggraf von Mähren, aber das noch nicht, was er hernachmals wurde, König von Böhmen. Seine Einkünfte reichten bey weitem nicht zu, die Habsucht seiner Reisegemahlinn Kunigunde zu stillen, daher kam es, daß letztere sich kleine Gratisfaktionen, wenn sie ihr von ihrer reichen Schwester mit gehöriger Demuth dargebracht wurden, sehr wohl behagen ließ, und daher kam es, daß Ottokar bald mit Versuchen hervortrat, von dem bemittelten Kaufmann ein fürstliches Darlehn zu erheben.

Seifried war zu klug, um aufs ungewisse zu leihen, war zu klug, und mit dem Ton der Fürsten zu bekannt, um unter dem einen von seinen vornehmen Gästen nicht längst eine Person von mehrere Wichtigkeit geahndet zu haben, als dieser seyn wollte. Ottokar mußte sich nennen, und der Name eines Marggrafen von Mähren, eines künftigen Königs von Böhmen, verschafte ihm die doppelte Summe, die er gewünscht hatte. Seifried war überrascht, war entzückt, sich wieder in den Kreis der Fürsten gebracht zu sehen, wo er ehemals Vortheil und Vergnügen so überschwänglich gefunden hatte, und konnte in diesem Augenblicke zu nichts nein sagen, was man von ihm verlangte. – Aber – das Nachdenken blieb nicht aussen. Wenn er auch fühlte, daß er nicht Ursach hatte, sich wegen seines Darlehens bange seyn zu lassen, wenn auch die Ehre, einen Fürsten so oft seinen Gast zu nennen, und auf die vertraulichste Art von ihm behandelt zu werden, ihm für seine Person schmeichelte, so mußten ihm doch die Unordnungen, welche die vornehme Gesellschaft in dem Innern seines Hauses, vornehmlich in dem Gemüth seiner Frau und seiner Kinder anrichtete, beunruhigen, und den Wunsch in ihm erregen, wenigstens Hedwig und diese junge Brunhilde, weil es noch Zeit wär, zurück zu reissen.

Versuche von dieser Art hatten es mit der Unmöglichkeit zu thun. Die Frau Seifried, welche jetzt aus höherm Ton zu sprechen gewohnt war, als ehedem, stritt mächtig für sich und irhe Tochter, Kunigunde trat an ihre Seite, aber doch verfocht sie ihre Sache mit weit minderm Ernst als Ottokar, der sich herabließ, die Angelegenheit der seifriedschen Damen sehr eifrig zu den seinigen zu machen. Er gab vor, die schöne Brunilde und ihren Bruder Wendelin, um ihres braven Vaters willen, ungemein werth zu schätzen, erbot sich, die erste unter dem Frauenzimmer seiner Gemahlin anzubringen, und betheuerte, daß dem andern nichts fehlte, als ein adelicher Name, um ihm dereinst Anspruch zu den höchsten böhmischen Ehrenämtern zu geben.

Seifried begunnte seit einiger Zeit kaltsinniger bey den Gnadenerweisungen seines hohen Gasts zu werden, und die Dame Kunigunde, seine vornehme Schwägerinn, weit weniger zu schätzen, als Anfangs. Was für eine Stelle sie beym Marggrafen einnahm, war ihm jetzt, da man sich weniger Zwang anlegte, als zu den Zeiten vor Ottokars Inkognito, sehr deutlich, und er dachte bey aller Liebe zum grossen Weltton noch bürgerlich genug, beyde um ihres gegenseitigen Verhältnisses willen zu verachten, und es sich für seine Kinder nicht allzuwünscheswerth zu halten, wenn sie einst die Protektion ihres angebotenen Gönners und ihrer Base geniessen sollten. Hedwig dachte anders, und sparte nichts, ihre Kinder, besonders Wendelin ihren Liebling, dem Marggrafen und seiner Gnade überall entgegen zu stellen, indessen die Augen des königlichen Wollüstlings weit lieber auf der schönen aufgehenden Rose, der lieblichen Brunilde, ruhten.

Brunilde war schön, sehr schön, niemand wußte es weniger als sie selbst, und niemand schien es besser zu bemerken, als Ottokar, der keine Gelegenheit aus der Acht ließ, sie zu sich zu ziehen, sich an ihre Seite zu drängen, und unter dem Vorwand, sie sey noch ein Kind, ihr Liebkosungen zu machen, welche würklich nur die ersten Kinderjahre hätten entschuldigen können.

Kunigunde war scharfsichtig genug, dieses bald zu merken, und nach Würden zu beurtheilen. Die Gefahr, sich durch ihre junge reizende Nichte von ihrem Posten gestossen zu sehen, zeigte sich ihr in ihrer fürchterlichen Gestalt, die scheue Blödigkeit des schönen Mädchens sicherte sie nicht, sie wußte, daß dieses ein Reiz mehr für Ottokar sey, und traute derselben, durch ihr eigenes Beispiel belehrt, nicht viel Dauer und Standhaftigkeit zu. Von diesem Augenblick an ward der Abschied aus Wien und von dem wohlgenoßenen seifriedischen Hause festgesetzt, und Ottokar war noch Sclave genug von seiner Mätresse, um ihrem Willen nachzugeben.

Der Abschied war auf keiner Seite schmerzlich, als auf Ottokars, dem es im Ernst nahe gieng, seinen gastfreyen Wirth nicht um seinen liebsten Schatz, die holdselige Brunilde, betrügen zu können. Was Seifrieden anbelangte, so kann man errathen, daß er, ungeachtet er lange nicht das ärgste besorgte, was von seinen durchlauchtigen Gästen zu besorgen gewesen wär, ihnen keine bittern Thränen nachweinte. Auch die Schwestern schieden kaltsinnig. Das Einverständniß solcher Freundinnen dauert selten lange. Hedwig konnte nimmer so viel geben, als Kunigunde zu nehmen geneigt war, und diese erhub sich wiederum zu sehr über die adliche Bürgerinn, als daß sie vollkommen mit ihr hätte zufrieden seyn können.

Die letzte Beleidigung, welche beyde einander anthaten, verderbte vollends alles, und machte, daß sie, ungeachtet Ottokar und Seifried Vermittler waren, und die Aussöhnung äusserlich ziemlich zu Stande brachten, heimlich als die erbittertsten Feindinnen schieden. Das war die vor kurzer Zeit so einigen Schwestern auf ewig entzweyte, war, wie oft geschieht, nichts als ein beissender Einfall, den die eine der andern mit baarer Münze bezahlte.

Nach einem kleinen vorläufigen Zwist hatte man sich einst wieder vereinigt, um die nöthigen Verabredungen zu der nächsten Mummerey zu nehmen. Hedwig schlug ihrer Schwester boshaft genug die Larve des Lasters vor, und diese willigte mit vieler Gegenwart des Geistes in den Vorschlag, wenn Frau Seifried die Rolle der nachhinkenden Strafe übernehmen wollte. Der hämische Ausfall auf Hedwigs körperliches Gebrechen verursachte fast bey ihr eine noch heftigere Sensation, als bey Kunigunde die schwesterlich Rüge ihrer Sittenlosigkeit. Man hat es oft gehört, daß manche Personen sich lieber des Mangels an Moralität, als persönlicher Fehler beschuldigen lassen. Dem sey im übrigen wie ihm wolle, genug man trennte sich, nur von außen versöhnt und herzlich erfreut, sich nicht mehr sehen zu dürfen.

Nach Abreise des Marggrafen, welcher noch ein ansehnliches Darlehn über das vorige mit sich hinweg nahm, begunnte erst der ehrliche Kaufmann den vollen Schaden zu überrechnen und schätzen zu können, welchen die letzte glänzende Epoche in seinem Hause angerichtet hatte. Verlust der Zeit und des Geldes, die bey einem bürgerlichen Hauswesen, und wär es auf noch so grossem Reichthum gegründet, so leicht zu merken, so schwer zu vergüten ist, war noch das geringste, aber die Verheerungen, welche der Genuß der Welt in den Grundsätzen Hedwigs und ihrer Kinder angerichtet hatte, o das waren böse, böse Dinge, welche durch das eingebüßte Ansehen als Herr und Gebieter des Hauses für Seifrieden fast unwiederherstellbar gemacht wurden. Hedwig hatte unter Kunigundens Vorsitz bisher geherrscht, sie hatte ihr alle Kunstgriffe, Seifrieden, bald durch Gewalt, bald durch Schmeicheley zu lenken abgelernt, und sie schien nicht gesonnen, sich das Scepter so leicht aus der Hand winden zu lassen.

Bey dem besten Willen Seifrieds, eingerissene Unordnungen abzustellen, und den alten regelmäßigen Gang in seinem Hause wieder einzuführen, blieb es immer beym alten, und er sah endlich ein, daß, da er einmal vom Regiment entsetzt war, die einige Möglichkeit etwas zu verbessern noch auf seinen Kindern beruhte. Wendelin, der wilde Wendelin, der Liebling seiner thörichten Mutter, wurde bald als auch unverbesserlich aufgegeben, und die Hoffnung des Vaters beruhte allein noch auf Brunilden, auf der holden sanftherzigen Brunilde, die, so gern sie auch bisher ihrer Mutter und ihrer Base in den Wirbel der Lustbarkeiten gefolgt war, doch jetzt eben so geneigt schien, sich nach dem Willen des weisen Vaters zu bequemen, welcher Eingezogenheit und häußliche Stille predigte, und es ihr nicht fürder vergönnen wollte, überall sichtbar zu seyn, wo Lust und Lachen herrschte, und wo die verwöhnte Frau Seifried jetzt nie fehlen zu dürfen glaubte.

Hedwig mußte also die Freuden außer dem Hause jetzt ohne Begleiter aufsuchen, und sie hatte die Kränkung zu sehen, daß man ihr die Oerter des Vergnügens bisher nicht um ihrer selbst, blos um anderer willen geöffnet hatte. Hier fragte man nach der schönen Kunigunde, dort nach den beyden stattlichen Rittern, deren Erscheinung Ehrfurcht gebot, und am öftersten erkundigte man sich, wo sie die junge aufblühende Schönheit gelassen habe, die man so gern an ihrer Seite zu sehen pflegte.
Welche Kränkung für die stolze Bürgerinn! Leicht hätte sie bewogen werden können, aus Verzweiflung wieder die Rolle einer stillen Hausfrau zu spielen, wenn nicht zu eben dieser Zeit das Schicksal sie zur vollen Meisterinn ihrer Handlungen gemacht und ihr Mittel an die Hand gegeben hätte, die Laufbahn des Vergnügens mit neuem Glanz und besserm Erfolg als je zuvor, zu betreten.

Der gute Seifried starb, und ob er gleich grosmüthig genug gewesen war, seiner Frau, ungeachtet er nicht allemal mit ihr zufrieden gewesen seyn konnte, einen ansehnlichen Theil seines Vermögens zu hinterlassen, so hatte er doch nicht vergessen, besonders für seine Kinder zu sorgen, und sie durch weise Verfügungen von ihrer Mutter unabhängig zu erhalten. Seifried war ein beliebter und wohlangesehener Mann bey den Bürgern seiner Stadt, er saß in ihrem Rathskollegio, und hatte manches zum Besten des Volkes gestiftet; sein Ansehen hatte die Rechte der Bürger oft gegen den Herzog geschützt, und sein Reichthum hatte ihnen in Theurung mehr als einmal wohlfeiles Brod gegeben. Man liebte ihn bey seinem Leben, man betrauerte ihn nach seinem Tode, und als es bey Eröfnung seines letzten Willens sich ergab, daß die Häupter der Bürgerschaft zu Brunildens Vormündern ernannt waren, so gelobte die ganze Versammlung, für das Beste des jungen Mädchens zu wachen, und keine Beeinträchtigung ihrer Rechte zu dulden.

Seifrieds Wittwe war nicht so beliebt, als ihr verstorbener Mann. Alle stimmten darauf, daß das erste, was man zu Brunildens Besten thun könne, dieses sey, sie aus der Aufsicht ihrer Mutter zu nehmen, und sie in irgend einem Kloster einer glücklichen Verheyrathung entgegen reifen zu lassen, aber zu einem solchen Schritte berechtigt zu seyn, hätte es einer Klausel im Testament bedurft, welche Seifried nicht hätte vergessen sollen; sie fand sich nicht, und für Brunilden war also kaum zur Hälfte gesorgt; ihr Vermögen war gerettet, aber ihre Person blieb der Führung einer thörichten Mutter überlassen, welche sie unmöglich gut leiten konnte. Kaum begreiflich ist es, wie Seifried, der dieses besser wissen mußte als irgend jemand, hier nachläßig sein konnte!

Indessen war es so, und Brunilde war zu jung, um zu fühlen, daß sie bey ihrer Mutter in sehr zweydeutigen Händen sey. Mit dem besten Herzen, mit den herrlichsten Anlagen zu allen Tugenden, so wie sie nur unter der Leitung eines guten Vaters erwachsen konnten, verband sie einen blos mittelmäßigen Verstand, der nicht gar weit in die Ferne sah, und all den Leichtsinn, all den Hang zum Vergnügen, der ihrer Jugend angemessen war.

Daß ihr Vater, dessen Andenken sie kindlich verehrte, nicht für das Herumschweifen der Weiber außer dem Hause, nie für Vernachlässigung der stillen Pflichten ihres Geschlechts gewesen war, das wußte sie; seine ihr unvergeßlichen Lehren sagten es ihr, und sie sah es daher nicht gern, als ihre Mutter nach geendigtem Trauerjahr, einen ganz andern Ton in ihrem Hause einzuführen begunnte, so daß es fast das Ansehen haben wollte, als ob die Zeiten Ottokars und Kunigundens wiederkehren sollten; indessen das Thun und Lassen ihrer Mutter zu meistern war sie zu bescheiden, sich zu widersezten, wenn die Freude winkte, zu schwach; so ward sie nach und nach mit fortgerissen, wohin sie nicht gedachte, und sah sich am Ende am Rande eines Abgrunds, von welchem nichts sie zurückreißen konnte.

Die Schranken, in welchen sich die Bürgerfrauen zur damaligen Zeit bewegen konnten, waren sehr klein, selbst die Edeldamen blieben, wenn nicht besondre öffentliche Feste vorfielen, meistens in dem Innern ihrer Häuser, und Hedwig zeichnete sich also schon dadurch aus, daß sie sich mit ihrer Tochter überall sehen ließ, wo man sonst niemand ihres Geschlechts zu erblicken gewohnt war. Sie zog Augen auf sich, welchen sie in der Stille ihres Hauses ohne Mühe entgangen wär, und vielleicht wars eben das, was sie wünschte, sonst hätte sie sich nicht so gern, so leicht in die Folgen ihrer seltsamen Aufführung finden können.

Herzog Friedrich, dessen wir schon in den vorigen Blättern erwähnt haben, regierte damals zu Wien, ein Fürst wie es zu jenen Zeiten viele gab, ein tapferer Held im Kriege, ein harter Vater seiner Unterthanen, ein schlechter Gemahl für diejenigen, welchen die Kirche ein Recht auf sein Herz gab, und von denen er eben jetzt die zweyte aus liederlichen Ursachen verstoßen hatte, übrigens ein warmer Verehrer des ganzen weiblichen Geschlechts, hartnäckig, ränkevoll und verschwenderisch, wenn es auf Durchsetzung seiner Absichten ankam, und unbesorgt um den Ausgang in allem, was er begann.

Friedrich hatte Brunilden, welche man überall sah, gesehen und bemerkt, und sehen und bemerken war bey ihm in solchen Fällen der Anfang zu wichtigern Schritten. Hedwig erfuhr schnell, daß ihre schöne Tochter den Augen des Fürsten wohlgefiel, und daß, wenn man ihm Gelegenheit verschaft, sie öfter zu sehen, daran sein gnädiger Wille geschehen würde. Hedwig wandte vor, daß der Stand, in welchem sie lebte, ihr und ihrer Tochter keinen Zutritt zu den großen Festen des Hofs verstattete, bey welchen nur Adeliche erscheinen durften, daß sie zwar ihrer Geburt nach Anspruch auf solche Vorzüge machen dürfte, daß sie aber, da das Unglück sie durch Misheurath herabgesetzt habe, jeden hohen Gedanken in der Nähe des Fürsten zu leben und für sich oder ihre Kinder seiner gnädigen Blicke zu geniessen aufgeben müsse.

Man versicherte ihr, sie habe Friedrichs Blicke bereits zu sehr auf sich und ihre Tochter gezogen, als daß man ihr zugeben würde, sich nun zurück zu ziehen. Hedwig zuckte die Achseln, gestand durch ihre bisherige Uneingezogenheit würklich einen Fehler begangen zu haben, den sie nur durch das Gegentheil verbessern könnte, und betheuerte, daß man in Zukunft weder sie, noch Brunilden an Orten sehen sollte, wo sie Gelegenheit zu Gedanken geben könnten, welche weder ihr noch dem Herzog ziemten.

Was sie gelobte, das führte sie auch aus. Den Entschluß der Eingezogenheit desto unverbrüchlicher zu machen, begab sie sich nebst ihren Kinder auf ein Landhaus, das sie nach Seifrieds Tode in der Nähe des Wienerwaldes gekauft hatte, und welches seiner Lage, seiner Pracht und seiner Bauart nach wohl den Namen einer adlichen Burg verdiente.

Wer Hedwig nur halb kannte, sah in diesem Schritte nichts als den Wunsch, in der Entfernung von der Stadt, wo man sie nicht sonderlich achtete, die Edeldame zu spielen, dahingegen wir und unsere Leser hier die tief liegenden Ränke einer schlauen Intriguenmacherinn nicht verkennen. Hedwig hatte seit Seifrieds Hand sie entadelt, hatte nicht aufgehört, ihren gesunkenen Stand zu betrauern. Kunigundens Besuch hatte die halb entschlummerten Triebe sich wieder empor zu heben geweckt, und der gelegentliche Genuß der Welt sie aufs höchste getrieben. Sie beneidete das

Loos ihrer Schwester, und da sie fühlte, daß sie weder jung noch reizend genug war, sich noch ein ähnliches zu versprechen, so ging auf einmal der Gedanke in ihr auf, ihre schöne Tochter zum Mittel ihres gewöhnten Glücks zu gebrauchen. Ottokars Blicke hatten ihr bereits gezeigt, daß Brunilde reizend genug sey, Fürsten zu fesseln, und ihr Herz sagte ihr, daß in der Stadt, wo Friedrich der leichtsinnige herrschte, das was sie wünschte, leicht zu erhalten seyn würde.

Absichtlich hatte sie den Anblick des jungen unschuldigen Mädchens dem Herzog überall entgegen getragen, und absichtlich zog sie sich jetzt, da sie merkte, ihren Wunsch erreicht zu haben, mit ihr zurück, und wählte die Einsamkeit eines Landschlosses, welches Friedrich wohl zu finden, und wären seine Absichten ernstlich, dieselben in dasiger Entfernung von der großen Welt bequemer und glücklicher zu verfolgen wissen würde.

Was die schlaue erwartet hatte, geschahe. Ganz von ohngefähr begab es sich, daß Friedrich im Wiener Wald jagte, und eben so ungefähr, daß ihm Ungewitter, Ermüdung oder Verirrung in die Burg der reichen Bürgerinn führte. Man erstaunte, man wunderte sich des hohen Gastes, man schien nicht ganz zufrieden mit seiner Erscheinung, und man bewirthete ihn demohngeachtet so wohl, als wenn man ihn erwartet hätte. Nichts fehlte, den Herzog mit seiner Wirthin vollkommen zufrieden zu machen, als Brunildens Gegenwart, welche aber so wenig dieses, als viele folgende male, da Friedrich durch die Jagd hieher geführt wurde, zum Vorschein kam.

Die arglistige Hedwig wußte aus Kunigundens Unterricht, und vielleicht aus eigner Erfahrung in ihren bessern Jahren, daß gelegentliche Entziehung im Stande ist, die Leidenschaft aufs höchste zu spannen, und schneller unvermutheter Anblick der bewunderten Schönheit dann auf einmal alles bewürkt, was man wünschen kann.

Herzog Friedrich ward in die Länge unmuthig, hier nie diejenige zu sehen, welche er eigentlich suchte. Hedwig hüllte sich immer in so einen dichten Schleyer von Ehrbarkeit und Wohlstand ein, daß er Bedenken trug, sich gerade zu über Brunildens Abwesenheit zu beschweren, gerade zu seine Leidenschaft für sie zu gestehen, er klagte nur, daß er in einem Hause, welches er so öfters sehe, noch als ein Fremder behandelt würde, und daß seine Gegenwart dienen müßte, den Bewohnern desselben Zwang anzulegen. Ich weis, sagte er zu Hedwig, ihr habt eine Tochter, warum muß das gute Kind allemal auf ihrem Zimmer versperrt bleiben, wenn ich gegenwärtig bin? ich sorge, man mahlt ihr ihren Fürsten als ein fürchterliches Ungeheuer, vor welchem sie sich nie genug verbergen kann, oder man verursacht wenigstens durch dieses seltsame Verfahren, daß mir das junge Mädchen als einen Störer ihrer Freyheit flucht. Den Fluch der jungen Kinder begehre ich nicht auf mich zu laden; man sagt, derselbe ziehe den Zorn des Himmels über die Fürsten herab, und ich verlange schlechterdings, daß es hinführo in diesem Hause eins sey, ob ich gegenwärtig oder nicht gegenwärtig bin, daß ein jedes nach wie vor seinen Gang gehe, und daß der Gast nicht mehr die Kinder von Hause von der Seite ihrer Mutter treibe.

Die Erklärung des Fürsten war ungemein gnädig, ungemein herablassend, und Hedwig versprach mit der guten Art, die ihr noch von ihrem vorigen Stande eigen war, und die ihren Umgang selbst Friedrichen gefällig macht, den Willen ihres Fürsten auch hierinn ihr Gesetz seyn zu lassen.

Das nächste mal, als der Herzog Hedwigs Schloß mit seiner Gegenwart beehrte, fand er alles überherrlich zu seinem Empfang bereitet. Hatte er zuvor zuweilen Ursach gehabt über den fast fürstlichen Pracht der Bürgerin die Achseln zu zucken, so fand er diesmal hierzu doppelten Anlaß. Seine Begleiter konnten sich kaum des Murrens enthalten, daß die Wirthin über ihren hohen Gast so ganz ihres Standes vergaß, aber Friedrich gebot Stillschweigen; er war klug genug zu begreifen, daß die Schwachheit der Mutter Brunildens zu Erreichung seines Endzwecks dienen müsse, und nahm sich vor, nichts zu ahnden, was Hedwigs stolze Thorheit ihr eingeben würde.

Zur damaligen Zeit war es gebräuchlich, bey fürstlichen Gastereyen, daß vor der Tafel die Dame des Hauses den hohen Gästen einen lebendigen Vogel vortrug *), über welchen ihr die versammelten Ritter irgend ein Angelöbniß zu Erfüllung einer möglichen Bitte leisten mußten; ein Gebrauch, den, da er nur den Fürsten eigen war, nie ein adliches Haus nachzuahmen wagte. Hedwig trug keine Bedenken, vor ihrem Landesherrn heute ein solches Schauspiel aufzuführen, und sich der Gefahr auszusetzen, von ihm auf die demüthigendste Art in die Schranken ihres niedrigen Standes zurückgewiesen zu werden.

---

*) Noch im funfzehenden Jahrhundert zeigten sich Spuren von dieser seltsamen Sitte. So gelobte Herzog Philipp von Burgund 1454 Gott, der heiligen Jungfrau, und dem fürstlichen Frauenzimmer, über einen Phasan den Zug wider die Türken.

Die Tafel war aufs herrlichste zugerichtet, die Credenztische blinkten von silbernen und güldenen Geschirr, eine Schaar geschmückter Diener erfüllte den prächtigen Saal. Der Herzog war im Begriff sich nebst seinen Rittern an der Seite seiner stolzen Wirthin zur Mittagsmahlzeit zu setzten, und noch erschien Brunilde, die er heut unausbleiblich zu sehen gehoft hatte, nicht. Er erinnerte ihre Mutter an ihr Versprechen, und diese wandte sich mit einer vornehmen Art zu einer ihrer Nachtreterinnen. Man sage dem Fräulein, sprach sie, der Herzog verlange sie zu sehen.

Nicht lang so öfneten sich beyde Flügel der großen Thürh, und Brunilde oder vielmehr eine junge Fürstin trat herein. Gestalt und Schönheit des jungen Mädchens übertrafen ihren Stand bey weitem, und eben so ihre Kleidung. Ein weißes Silberstück mit purpurfarbenem Gürtel bekleidete sie, ein funkelnder Diamant befestigte auf ihren schönen Locken einen köstlichen Schleyer und einen Strauß von wallenden weißen Federn, sie nahte sich langsam und mit liebenswürdiger Schüchternheit, und trug auf ihrer Linken eine weiße Taube mit einem goldenen Ring um den Hals.

Friedrich stand erstaunt; Brunilden hatte er oft und mit Entzücken, aber so noch nie gesehen, die Pracht, welche sie umgab, diente allerdings ihre Schönheit zu erhöhen, und ihr Anstand, der einer Königin Ehre gemacht hätte, vollendete die Täuschung, in die jeder bey ihrem Anblick versetzt werden mußte. Alles was man bis jetzt in Hedwigs Anordnung ihres Gastmahls übertrieben gefunden hatte, verschwand, da Brunilde die Königin des Fests erschien. Der Herzog und selbst seine Ritter gestanden in ihrem Herzen, das Glück habe bey Ziehung des Loses für das schöne Bürgermädchen einen Misgriff gethan, habe sie an eine Stelle gesetzt, welche weit unter ihrer Würde wär, und es sey daher nicht unbillig, wenn sie wenigstens das Aeussere des Standes annehme, der ihr versagt sey.

Brunilde blieb mitten im Saal stehen, eine innere Bewegung schien ihr das Fortgehen schwer zu machen. Der Herzog trat näher, und verbeugte sich vor ihr, als stehe er der Erbin eines Königreichs gegen über.

Himmlisches Fräulein, sagte er, was fordert ihr von mir?

Nichts als die Gnade meines Herrn für mich und die Meinen, erwiederte sie mit bebender Stimme.

Gleichwohl fuhr er fort, sagt der Vogel auf eurer Hand, daß ihr Wünsche hegt, deren Erfüllung in meiner Gewalt ist.

Der Vogel ist eine Taube; die Tauben können keine großen Ansprüche machen.

Entzückende Einfalt! rief Friedrich, aber redet Fräulein, was fordert ihr von mir?

Brunilde schwieg und sahe vor sich nieder.

Rede meine Tochter, sagte Hedwig mit etwas Unwillen im Blick, du weißt, was ich dir von der Gnade unsers Herrn gesagt habe, auch ist dir nicht unbekannt, was dich und unser ganzes Haus glücklich machen kann, und sollte es dir entfallen sein, so weißt du wohl, daß ich deine verschwiegenen Wünsche verdolmetschen kann.

Erklärt euch, schöne Brunilde, rief der Herzog, der es jetzt wagte, den Vogel auf ihrer Hand zu liebkosen, und ihr bey dieser Gelegenheit kühner ins Auge zu sehen, erklärt euch, ob ihr die Stimme eurer Mutter für die Eurige erkennen wollt?

Brunilde verneigte sich, und Hedwig erwartete keine zweyte Aufforderung, das vorzubringe, warum sie das ganze Schauspiel angestellt hatte.

Ich flehe, rief sie, indem sie sich zu des Herzogs Füßen warf, ich flehe um Wiedereinsetzung in die Rechte meiner Geburt für mich und meine Kinder, wir sind aus einem alten adlichen Geschlecht und bitten um Erneuerung dieses Adels.

Der Herzog hatte noch nie gehört, daß es mit der Wittwe Seifrieds und seinen nachgelassenen Kindern eine solche Bewandniß habe, er behielt sich genauere Kundschaft dieser Dinge vor, und hub, um den Gang der Ceremonie jetzt nicht zu unterbrechen, die Bittende mit dem Versprechen vom Boden auf, daß ihr Gesuch bewilligt werden sollte, als ob die schöne Vogelträgerinn es selbst an ihn habe gelangen lassen.

Brunilde hatte nicht gekniet, ein Fehler, welchen ihr die Blicke ihrer Mutter verwiesen, aber Friedrich ließ sich ihre Saumseligkeit nicht an seinem Vorhaben hindern. Er legte seine Rechte auf die Taube, die Linke an Brunildens Schleyer, und schwur ihr mit der nemlichen Feyerlichkeit als wär sie eine Fürstin gewesen, daß ihre Forderung gewährt sey, und daß er ihr und allen ihren Verwandten, auf- und absteigender Linie, von der Schwerd- und von der Spielseite, den hohen Stifts- und Turnierfähigen Adel nebst Schild und Helm hiermit ertheile, und alle dazu gehörigen Urkunden des fördersamsten werde ausstellen lassen.

Das Schild und der Helm, sagte Brunilde, indem sie sich sittig verneigte, sind kein Schmuck für eine Jungfrau, ich bin nicht rangsüchtig, der Adel würde in vieler Betrachtung meinem Glück ehr hinderlich als zuträglich seyn, auch bat man nicht für mich, nur für meine Mutter, und meinen Bruder; diesem werde die fürstliche Gnade zu Theil, auf welche ich gern Verzicht thue.

Schöne Brunilde, erwiederte Friedrich, euch hat die Natur bereits durch tausend Vorzüge geadelt, ein würdiger Gemahl wird dereinst das übrige thun, es ist also hiervon nicht mehr zu reden, sondern nur noch Rath über Namen und Wappenschild zu pflegen.

Ich hab Ursach, erwiederte Hedwig für ihre Tochter, den Namen meiner nächsten Vorfahren zu verabscheuen, da sich Leute unter ihnen fanden, welche den Zorn des Fürsten, der mir jetzt so grosse Gnade erzeigt, zu reizen wagten, und ich verwerfe ihn hiermit auf ewig; aber wir stammen von einer Seitenlinie der Pottendorfe ab, und diesen Namen zu führen, würde mir Glück und Ehre seyn.

Friedrich bewilligte alles, was Hedwig wünschte, er gab ihr statt des Pottendorfischen Löwen, Brunildens Taube in einen getheilten Schild zum Wappen, und in deren Schnabel den goldenen Ring, den sie um den Hals trug, zum Andenken des Küenringischen Namens, so war Hedwigs Wille erfüllt und eine Handlung vollbracht, deren mangelhaftes zu beurtheilen, sie nicht erfahren genug war.

Man setzte sich zur Tafel, und die neue Frau von Pottendorf machte auf Befehl ihres hohen Gasts eine Erzählung von den Schicksalen, die sie in ihre jetzige Lage gebracht hatten, welche zwar der Wahrheit in allen Stücken, über welche man Erkundigungen einziehen konnte, getreu blieb, in Nebenumständen aber von der Rednerin so vortheilhaft, oft auf Kosten der Würklichkeit ausgeschmückt wurde, daß sie das Ohr und das Herz jedes Zuhörers für sie gewinnen muste.

Friedrichs Herz war schon gewonnen, er hörte zwar wenig auf die Erzehlerin, aber desto mehr spiegelte er sich in den Augen der schönen Brunilde, welche die ganze Rolle, welche sie heute spielen mußte, ungern übernommen zu haben schien, und auch jetzt in sichtlicher Verwirrung ihrem hohen Bewunderer gegen über saß, dessen Blicke sie beleidigten, ohne daß sie Muth oder Macht gehabt hatte sie zurück zu weisen, oder sich ihnen zu entziehen.

Friedrich war von nun an fast täglich in dem Hause der geadelten Bürgerin, und nie durfte sich Brunilde der Gesellschaft entziehen. Seine Absichten auf sie waren kein Geheimniß mehr. Die unnatürliche Mutter begünstigte sie auf alle Art, und ob gleich der Herzog denselben die Hülle des Wohlstandes umhing, so konnte dieselbe doch nur das unerfahrne Mädchen, keinesweges aber ihre weitsehende Mutter täuschen. Brunilde hätte allenfalls es möglich finden können, durch rechtmäßige Liebe an einen Fürsten verbunden zu werden, vornemlich da man nicht ermangelte, sie fleißig mit solchen Geschichten zu unterhalten, aber Hedwig mußte es einsehen, daß auf ihre verwahrloste dahin gegebene Tochter nichts wartete, als die Stelle, welche Kunigunde bey dem Marggraf von Mähren einnahm.

Wie Hedwig von dem Stande ihrer Schwester dachte, haben wir im vorhergehenden gesehen, sie fand denselben so ehrenvoll, daß sie ihn gern für sich selbst gewünscht hätte, und ihrer Tochter nicht übel zu rathen gedachte, wenn sie mit guter Art zu denselben beförderte. Da sie Brunildens Sinn kannte, der sich wohl in keinem Stande geändert haben würde, so nahm sie sich vor, allen Vortheil von Reichthum, Ansehen und Gewalt über den Fürsten, den Brunilde nie für sich gezogen haben würde, auf ihre Person zu bringen.

Der Plan war gemacht, das arme Schlachtopfer der verworfenen Gesinnungen ihrer Mutter, die junge Brunilde, fand sich täglich in tausend Verhältniße mit dem Herzog verstrickt, welche ihr zwar lästig waren, aber deren ganze Gefahr sie doch vielleicht erst zu spät eingesehen haben würde, wenn sie ungewarnt geblieben wär.

Brunilde hatte einen Bruder, dessen wir schon im vorhergehenden mit einigen Worten gedacht haben, er war einige Jahre älter als sie, und da er mehr in die Welt kam als das stille Mädchen, nach Verhältniß klüger. Wendelin war der Liebling seiner Mutter, sie hatte frühzeitig sein Gehirn mit hochfliegenden Gedanken erfüllt, ohne die Begriffe von Recht und Unrecht ganz verderben zu können, welche er von seinem ehrwürdigen Vater, der für seine Kinder auch zu früh gestorben war, rein und unverfälscht eingesogen hatte. Wendelin war durch Nachsicht seiner Mutter ein wilder zügelloser Mensch geworden, dies lenkte das Edle, was ihm von der ersten Erziehung übrig war, oft auf die falsche Seite. Er vergönnte sich Freyheiten, die sich der Tugendhafte nicht verstattet, suchte Ruhm in Dingen, in welchen er sie nicht suchen darf. Auch war ihm der erlangte Adel, welcher ihm den Weg zu einer Laufbahn öfnete, die ihm sonst verschlossen geblieben wär, Freude, aber daß er ihn durch Hülfe seiner Schwester erlangt hatte, daß es schien, daß ihre Ehre seinem künftigen Glück zum Opfer geschlachtet werden sollte, dieses gefiel ihm nicht.

Er merkte zeitig, daß hierzu alle Anlagen gemacht waren, er scheute sich nicht, mit seiner Mutter ernstlich hierüber zu reden, und als er hier nicht die gewünschte Antwort erhielt, seine Schwester zu warnen.

Brunilde bebte über das Bild künftigen Elends, welches ihr ihr Bruder öfnete; er hätte nicht nöthig gehabt, seiner Warnung die Drohung der grimmigsten Rache anzuhängen, wenn sie unbeachtet blieb, Brunilde achtet dieselbe nur gar zu sehr, ihre schwachen Geisteskräfte wurden durch das Gemälde ihrer Gefahr angegriffen, und ihr Körper erlag unter der Zerrüttung ihres Gemüths.

Brunilde ward gefährlich krank, man war für ihr Leben besorgt, Hedwig raufte sich das Haar, daß der Grund ihres gehoften Glücks so zeitig sollte zerstört werden. Selbst der Herzog weinte an ihrem Bette, aber Wendelin weinte nicht, er wiederholte seine Drohungen an Mutter und Schwester, und erklärte, wie er sich entfernen, auf ewig entfernen würde, damit nichts von dem Unheil, das man zu stiften gedächte, auf seine Rechnung käm. Er hielt was er sagte, und was man in der Verwirrung, in welcher jedermann wegen der kranken Brunilde war, kaum beachtete. Er floh, und nahm seinen Weg nach Ottokars Hofe, welcher ihm ja einst Beförderung versprochen und die Unmöglichkeit ihn nach Würden zu heben, nur auf den fehlenden Adel gegründet hatte, den er nun besaß.

Die Kranke sollte noch nicht den friedlichen Tod der Unschuld sterben, ein härteres Schicksal war ihr aufbehalten. Sie genaß und fühlte nicht so bald die Bestättigung der wiederkehrenden Gesundheit, als ihr das, was sie in Todesgefahr gestürzt hatte, wieder in den Sinn kam, und sie lehrte auf Rettungsmittel zu denken.

Unter den Vormündern, welche ihr ihr vorsichtiger Vater gesetzt hatte, war einer, Thomas Weinstock genannte, ein Bruder oder Verwandter des damaligen kaiserlichen Kanzlers Petrus a Vineis. Er begleitete eine ansehnliche Stelle unter den Häuptern der Wiener Bürgerschaft, und was noch mehr, einen vorzüglichen Rang in der Reihe der Rechtschaffnen.

Er war ein zweyter Nikolaus Seifried, und Brunilde, welcher der Eigensinn ihrer Mutter nicht mit allen Umgang mit den Häusern ihrer Vormünder hatte versagen können, liebte ihn wie einen Vater. Auch er liebte Brunilden, und sah es nicht ungern, daß sich zwischen ihr und seinem Sohn, einem jungen Menschen, der in seinem fünf und zwanzigsten Jahre schon ein öffentliches Amt bekleidete, eine noch zärtlichere Neigung entspann.

Schon waren vorläufig Unterhandlungen mit Hedwig über Brunildens Verheyrathung mit dem jungen Thomas getroffen, denn Vater und Sohn hielten es nicht für gut, das junge Mädchen lange unter der Gewalt ihrer zweydeutigen Mutter zu lassen; als es dieser beliebte, die schöne Intrige mit dem Herzog anzuspinnen, welche nun schon lang genug gedauert hatte, um Aufsehen zu erregen, denn es brachte keinem Hause Ehre, in welches man Friedrich den Leichtsinnigen täglich eingehen sahe, und Hedwigs Schloß war nicht so weit von der Stadt entlegen, daß man nicht dort alles hätte wissen sollen, was in demselben vorging.

Wahrscheinlich wußte auch Brunildens Vormund und sein Sohn schon von diesen Dingen, und fällten nicht das beste Urtheil darüber. Brunilde bedachte das nicht, sie fühlte bey Beherzigung ihrer Gefahr, daß nichts sie retten könne, als die Flucht, sie wußte nirgends hin, als in das Haus desjenigen, zu dessen Gattin sie bestimmt war, und sie besorgte nicht, daß sie daselbst übel aufgenommen werden könne. Auch drohte ihr kein so hartes Schicksal, sie floh, sie entkam zu ihrem Vormund, und ob er gleich sowohl als ihr Geliebter ihr eingestand, daß sie eine Zeitlang irre an ihr gewesen wären, so rechtfertigte sie doch die Unschuld in ihrem Blick; und der heldenmüthige Entschluß zu einer Flucht, die nicht ohne Gefahr gewesen war, diente dazu, ihre Apologie vollkommen zu machen.

Brunilden wieder unter die Aufsicht ihrer Mutter zurück zu geben, war bey der Gefahr, die dieser Unschuldigen in dem Hause drohte, welches für sie die sicherste Zuflucht hätte seyn sollen, unmöglich; eben so unmöglich war es, sie in dem Hause ihres Vormunds zurück zu behalten, so lang man noch kein gegründetes Recht auf ihre Person hatte. Die neue Frau von Pottendorf, die um diesen elenden Titel die Ehre und das Glück ihrer Tochter verkauft hatte, war gleich nach ihr von ihrem Schlosse zurückgekehrt, und ihr Geschrey über den Raub ihres Kindes, welchen sie dem Hause Thomas Weinstocks anschuldigte, machte alles aufrührerisch.

Zwar der mehrere Theil des Volks, der von Seifrieds Wittwe nie die beste Meinung gehegt hatte, und jetzt durch die lächerliche Aenderung ihres Namens noch mehr wider sie eingenommen war, schlug sich auf die gerechte Seite; aber welches Mittel für Brunildens Vormund, seine gute Sache vor einem Richterstuhl zu vertheidigen, wo der Richter billig als Beklagter hätte aufstehen, und einem andern die Entscheidung überlassen sollen!

Derjenige, über den man in Brunildens Sache vornehmlich zu klagen hatte, war nächst Hedwig der Herzog, und gewiß, hätte ihn Thomas Weinstock als denjenigen benannt, welcher der Tugend seiner künftigen Schnur Schlingen gelegt, und sie zur Flucht aus dem mütterlichen Hause genöthigt hatte, so würden sich zwanzig Stimmen unter dem Volk erhoben haben, die nehmliche Klage wider Friedrichen, in Rücksicht auf ihre Frauen, Bräute, Schwestern, und Töchter zu führen. Es war leider dahingekommen, sagt ein alter Schriftsteller, daß der Herzog, dieweil er ehelos lebte, seiner Unterthanen Weiber und Töchter für freye Beute hielt, deren Schönheit wohl für ihn blühe.

Thomas Weinstock, so ein kluger und beherzter Mann er auch war, hatte keinen Muth das Signal zum öffentlichen Geschrey wider einen sittenlosen Herrn zu geben. Welcher Wohlgesinnte scheuet sich nicht, ein Spiel anzuheben, dessen Ende er nicht absieht, und Unruhen einzuleiten, welche mit allen Greueln des Aufruhrs und der Rebellion endigen können!

Der Herzog wußte, was ihm bevorstand, wenn die misvergnügten Gemüther seiner Unterthanen durch irgend einen Zufall gereitzt würden, ihren Beschwerden die Sprache zu geben, er furchte den klugen vielvermögenden Anwald Brunildens mehr, als bey den friedliebenden Gesinnungen desselben nöthig war. Auf sein Anrathen bekam alles dem Anschein die beste Wendung. Er verständigte Brunildens Mutter, wie mit öffentlicher Klage über die Entfernung ihrer Tochter nichts gethan sey, rieth ihr zum vertraulichen Gespräch mit dem Vormund derselben, sprach selbst mit ihr, suchte ihn zu überreden, wie der ganze Lärm nichts sey, als unnöthiges Geschrey eines Kindes, welches, noch unerfahren in den Sitten der Welt, gleich einem Wort, einem Blick die schlimste Auslegung zu geben geneigt sey.

Thomas Weinstock glaubte hiervon, was er wollte, aber es wär unklug gewesen, zu widersprechen, besonders, da sich der Herzog selbst anbot, Vermittler der Sache zu seyn, welche doch wohl einig durch diese Umschweife gesucht wurde, Vermittler der schnellen Vermählung des jungen Thomas mit Brunilden.

Das Erbieten des Fürsten war so unverdächtig, so gewünscht, daß man es mit Freuden annahm, und ehe acht Tage vergingen, stand Brunilde mit völliger Einwilligung ihrer Mutter an der Seite ihres Geliebten vor dem Altar. Eine seltsame Veränderung für Brunilden, den als den Schöpfer ihres Glücks ansehen zu müssen, vor welchem sie bisher als vor dem ärgsten Feind ihrer Ruhe geflohen war! Sie und ihr Neuvermählter dankten dem Herzog, welcher ihre Hochzeit mit seiner Gegenwart beehrte, aus vollem Herzen; aber der alte Thomas dankte nicht, er war klug genug, verdeckte Absichten unter dieser Gnade zu finden. Er sorgte, daß keines von den fürstlichen Hochzeitgeschenken angenommen werden durfte, widerstrebte aus allen Kräften, als bald nachher seinem Sohn eine ansehnliche Hofbedienung angeboten ward, und ging in Aengstlichkeit für die Ehre seines Hauses so weit, daß er sich entschloß, sich von dem Trost seines Alters, seinem Sohne, lieber zu trennen, als Brunilden länger der Gefahr der Verführung auszusetzen. Er schrieb unter der Hand an seinen Verwandten, den kaiserlichen Kanzler, und der junge Mensch bekam den Ruf zu einer einträglichen Bedienung am kaiserlichen Hofe, nebst der Erklärung, wie der Kanzler gesonnen wär, ihn auf alle Art zu heben, wenn er ins künftige den Namen Weinstock beyseite setzen, und sich gleich ihn, a Vineis nennen würde; eine Schwachheit des vornehmen Verwandten, welche Thomas Weinstock mit Achselzucken übersah, weil sie zu seines Sohnes Besten gereichte, und vornehmlich zu seinem gegenwärtigen Endzweck ungemein wohl paßte.

Die jungen Leute fühlten etwas mehr bey den Aussichten, die ihnen das Glück zeigte. Brunilde war noch nicht ganz frey von der Sucht, welche ihr fast mit der Muttermilch eingeflößt worden war, sich über ihren Stand empor zu schwingen. Sie triumphirte über die Rolle, welche sie ins künftige am kaiserlichen Hofe zu spielen gedachte, und vergaß darüber ganz der Gefahr, welcher sie noch nicht entgangen war, so lang sie mit Friedrich und ihrer verführerischen Mutter in einer Stadt wohnte.

Man drängte sich um den jungen a Vineis, wie er sich bereits zu nennen begunnte, das Volk liebte ihn, es hätte ihn gern zurückbehalten, wenn nicht seine Lage, welche Entfernung nöthig machte, bekannt gewesen wär; doch rechnete man dereinst auf seine Wiederkunft, und versprach ihm, die ansehnlichsten bürgerlichen Ehrenstellen offen zu erhalten.

Man hat den Teutschen oft nachgesagt, sie könnten weder Freud noch Leid, weder das Glück des Wiedersehens noch die Schmerzen des Abschieds ohne Gastmahle feyern; die Wiener hatten schon damals hierinnen einen grossen Vorzug vor allen ihren Landsleuten, und es versteht sich, daß es an Abschiedsfesten nicht fehlte, ehe es Brunildens Mann vergönnt war, die Stadt zu verlassen. Der Herzog, der es sich jetzt zur Regel gemacht hatte, seinen Unterthanen durch Güte und Herablassung zu gefallen, beehrte jede diese Schmausereyen in öffentlichen und Privathäusern, mit seiner Gegenwart, und behielt es sich vor, seine Wirthe auf seiner Burg wieder zu bewirthen.

Der Tag vor der Abreise nach dem kaiserlichen Hofe war zu dem grossen Gastmahl bestimmt, dazu fast ganz Wien von dem Fürsten geladen war. Brunilde, die Königin des Fests, war schöner als sie diesen Tag hätte seyn sollen. Friedrich konnte es kaum bergen, daß, wenn auch seine sträfliche Leidenschaft ganz gedämpft gewesen wär, sie doch heute wieder mit vollen Flammen brannte. Brunilde floh vor seinen Blicken und vor seinen Gesprächen, ein ängstlicher Wunsch stieg in ihr auf, lieber nicht hieher gekommen zu seyn! Man versuchte sie mit verführerischen Weinen, man berauschte sie im schwindelnden Wirbeltanz. Sie wollte sich losreissen und konnte nicht, sie suchte ihren Gatten, und fand ihn fröhlich vom Weine mit einer Dame aus dem herzoglichen Frauenzimmer in einem so tiefen Gespräch, daß er ihrer Anmahnung, sich nach Hause zu begeben, kaum beantwortete. Sie eilte zu ihrer Mutter, und diese gab ihr mehr Gehör. Man wird dich nicht lassen, bis es Morgen wird, sagte sie zu ihre, aber achte auf mich, und wenn du mich das Zimmer verlassen siehst, so folge mir ohne Abschied, ich bringe dich dann aus dem Getümmel zur Ruhe.

Brunilde freute sich des Versprechens, und mischte sich dann von neuen, um allen Verdacht zu meiden, unter die Tanzenden, deren Zirkel ihr jetzt weniger widrig war, weil der zudringliche Herzog sich aus demselben entfernt hatte.

Sie verlor die Frau von Pottendorf nicht aus den Augen, und harrte des mütterlichen Winks, der endlich ziemlich spät erfolgte. Brunilde entfernte sich durch die Thür, aus welcher ihre Mutter entschwunden war, und befand sich auf einmal in einer dunkeln ihr ganz unbekannten Gegend des Schlosses, sie wollte zurück, ohne einen Eingang finden zu können. Sie rufte ihre Mutter; keine Antwort! Sie verlohr sich in den verschlungenen Gängen, welche kein Ende nehmen wollten. Die heftigste Bangigkeit überfiel sie, die Gedanken vergingen ihr, und – –
sie erwachte in den Armen des Herzogs.

Die Geschichte spricht von Mitteln, deren sich Friedrich bediente, seine verruchten Absichten zu erreichen, und von ihren nächsten Folgen nur dunkel, auch ist das Ende dieser Begebenheit dem Erzähler zu schrecklich, um sich lang bey demselben zu verweilen.

Brunilde war in Friedrichs Gewalt, ihr Gatte, durch einen Freund, oder durch einen warnenden Engel aufgemahnt, suchte sie im ganzen Schlosse bis an den Morgen, ohne sie zu finden, und da er sie fand, war alles, was er für sie thun konnte, Rache. Er erhub seinen Arm wider den fürstlichen Bösewicht, und fiel unter den Hellebarten seiner zur Hülfe herbey gerufenen Trabanten. Brunilde, die verzweifelnde Brunilde, sah ihr Unglück durch den Tod ihres Gatten auf den höchsten Gipfel gebracht. Man hielt sie ab, sich auf seinen blutenden Leichnam zu stürzen, aber da jetzt das Getümmel im Zimmer sich vergrößerte, da die Freunde des beleidigten Mannes dicht hinter ihm waren, seinen Tod und seine Ehre zu rächen, so ließ man indessen seine unglückliche Gattin aus der Acht, welche sich auf das Fenstersims schwang, und durch einen Sprung in die Strasse hinab ihr Leben endigte. – – –

Dies war nicht der Ausgang, den der Herzog seinem teuflischen Anschlag bestimmt hatte, aber wenn endigen sich Verbrechen genau auf dem Punkt, den wir ihnen vorgezeichnet haben? Friedrich hatte gemeint, Brunildens Lippen würden durch ewiges Schweigen versiegelt werden, und ihre Entfernung von Wien würde jedes Gerücht von seiner Bosheit töden, indessen ihr Mann, den man nicht ohne Ursach durch einer der schönsten und verführerischsten Damen des Hofs und durch feurigen Tockayer zu verstricken gesucht hatte, am wenigsten auf irgend einen Verdacht kommen könnte.

Was man gedacht und angelegt hatte, geschahe nicht, aber das ärgste erfolgte. Das Gerücht von den grauenvollen Begebenheiten dieser Nacht, verbreitete sich mit dem Tage durch alle Gegenden der Stadt. Brunildens zerschmetterter Körper bezeugte die Wahrheit von dem, was man nicht glauben konnte. Auf dem Schlosse dauerte noch das Gefecht der Rächer des ermordeten Thomas; das wütende Volk gesellte sich zu ihnen, es rief unaufhörlich Brunildens Namen, nannte sie die deutsche Lukrezie, und schwur Friedrichen Tarquins Schicksal. Dies war noch das gelindeste, was in dieser allgemeinen Gärung, da tausend Stimmen sich klagend wider ihn erhuben, und mehrere sich nicht scheuten, sich Brüder des beleidigten Thomas zu nennen, ihm bevorstand.

Friedrich war für den gegenwärtigen Augenblick entkommen, aber in die Länge war keine Rettung für ihn. Der Aufruhr mehrte sich von Stunde zu Stunde. Gegen den Abend kam Botschaft von einigen Gewogenen, welche der Herzog noch im Rath hatte, er möchte die Stadt in der Stille verlassen, weil sie in der nächsten Stunde nicht für sein Leben stehen könnten.

Da musste sich der stolze Friedrich bequemen, in Kleidung eines gemeinen Knechts, einsam, barfuß und im Dunkeln, um seine Flucht desto unverdächtiger zu machen, nach der Stadtmauer zu schleichen, wo man ihn mit Seilen hinabließ, und ihn seinem Schicksale übergab.

Er entkam nach Starenberg, einem festen Schloß an der Neustadt, wo ihm die Nennung seines Namens Einlaß verschafte. Die Veste war mit seinen Leuten erfüllt, und er konnte hoffen, sich hier zu vertheidigen.

Diese Nacht war den nöthigen Anstalten zu Abkehrung eines Sturms gewidmet, dessen er sich auf den künftigen Tag besorgen musste. Er selbst war überall, auf den Zinnen und auf den Wällen, daß nichts versäumt würde. Es galt hier die Vertheidigung seines Lebens und seiner Würde, welche durch seine letzte Unthat verwürkt zu haben, er sich noch immer nicht als möglich denken konnte. Von einem der Thürme schaute er in die Nacht hinab, und seine Phantasie bildete ihm noch immer die ferne Stimme des Aufruhrs, und hie und da röthete sich der Horizont von aufsteigenden Flammen. Es waren die Palläste seiner Kreaturen, es war vor allen Hedwigs Haus, welches der wütende Pöbel Brunilden zum Todenfeuer anzündete. Die häßliche Rolle, welche dieses Weib in Ansehung ihrer Tochter gespielt hatte, war allgemein bekannt; man wollte die Mutter zum Nachopfer der

Tochter schlachten, und mit Mühe entkam die elende Frau von Pottendorf den Mordklauen der rasenden Menge.

Sie kam des andern Tages vor die Vestung, in welcher Friedrich sich jetzt enthielt. – Aber sie ward abgewiesen. Die verschwenderischsten Versprechungen, mit welchen man sie bewogen hatte, ihre Tochter aufzuopfern, endigten sich mit gänzlicher Verstossung. Wie war von Friedrich Menschlichkeit gegen die Mitgenossin seiner Verbrechen zu erwarten, der sich nicht scheute in der Folge seiner eigenen Mutter den nothwendigsten Unterhalt zu entziehen, und ihr mit schimpflichen Gefängniß zu drohen, indessen er sich mit dem Raube der Kirche und Klöster bereicherte, und der Strafe des Himmels spottete.

Herzog Friedrich von Oesterreich der letzte Babenberger Linie, die Nachwelt nenne ihn den Liebenswürdigen, den Streitbaren, oder den Ruchlosen, war nicht mein Held; nur gezwungen mußte ich seiner in Brunildens Geschichte gedenken, und man wird mir also erlauben, nachdem diese Unschuldige umgekommen ist, und ihre Mutter Vergunst von ihm erhalten hat, am nächsten Zaune vor Hunger und Elend zu verderben, daß ich auch ihn verlasse.

Die Gottlosen werden von Unglück nicht gebessert. Nachdem Friedrich durch das seinige immer tiefer in Verbrechen auf Verbrechen gestürzt worden war, begunnte ihm jedoch das Glück wieder zu lachen.

Durch die Vorbitte seiner Mutter und seiner Schwester[*]) ward der Kaiser wieder sein Freund. Friedrich leistete ihm tapfere Dienste im Kriege wider die Lombarder. Er ward mit neuen Ehrenzeichen und herrlichen Geschenken von ihm angesehen, und hielt nach mehrern Jahren seinen Einzug mit einem glänzenden Gefolge in die Stadt, aus welcher er einst als ein Verbrecher hatte flüchtig werden müssen. Brunilde war längst von den Wienern vergessen, man sah in Friedrichen nicht mehr ihren Mörder, sondern des Kaisers Freund, den lombardischen Sieger, und den Fürsten, auf dessen Wink zwanzig Mohrensclaven mit ihren reichgeschmückten Kamelen warteten. Der Kaiser hatte ihm ein Geschenk mit dieser Seltenheit gemacht, und sie thaten ihm bey den neugierigen Wienern unglaubliche Dienste. Man gründete auf die Erscheinung dieser ausländischen Dinge die Sage,

---

[*]) Theodore eine orientalische Prinzessin und Margarethe des Kaisers Schwiegertochter.

Friedrich habe selbst einen Zug wider die Ungläubigen gethan, und mehr war nicht nöthig, um vollends jedes Andenken des Vergangenen zu verlöschen.

Er regierte fürderhin friedlich zu Wien, demüthigte seine Feinde, und hütete sich, den Unwillen des Volks von neuem zu reizen. Mehrere Jahre hatten ihn weiser gemacht, und da er seine kleinen Intriguen in den dichtesten Schleyer hüllte, so glaubte er sicher zu seyn; aber er irrte: Im Hinterhalt lauschte verjährte Rache. Wendelin von Pottendorf, Brunildens Bruder, welcher bisher in Ottokars Diensten gelebt hatte, schnaubte seit Jahren Rache wider den Mörder und Ehrenräuber seines Hauses. Schon oft hatte er ihm vergebens aufgelauert, um vergangene Verbrechen mit seinem Blute abzuwaschen, aber einst traf er ihn einsam auf der Jagd, donnerte ihm Brunildens Namen in die Ohren, erwürgte ihn und flohe.

Friedrich liegt im Kloster Lilienthal begraben. Der Roszaum und der Dolch, welche seinem Bilde beygefügt sind, bezeichnen die Art seines Todes.

Die Lehre, die aus Brunildens Geschichte fließt? – Leser nehmet sie euch selbst, und bleibt gern in eurer Sphäre; genseit derselben lauert auf euch Beschimpfung, Elend und Tod!

Die **Kuenringer:** österreichisches Ministerialiengeschlecht, erstmalige urkundliche Erwähnung 1132
- Burg Kühnring in der Nähe von Eggenburg im nordwestlichen Teil von Niederösterreich
- um 1130/40 wird erstmals genannt: *Hadmar* (+ 1138/1140)
- die Adelserhebung unter der Führung der Kuenringer-Brüder gegen den jungen Herzog Friedrich II. (Herzog von Österreich und der Steiermark) bildete den Hintergrund für die spätere Legendenbildung
- in der Sage leben die „Hunde von Kuenring", wie sie sich selbst nannten, fort als unerbittliche Raubritter, eine verzerrende spätere Darstellung

Ademar von Kuenring
Hadmar II. von Kuenring
(* um 1140 + 22.7.1217)
- im Jahre 1192 hielt er Richard Löwenherz, König von England, auf Burg Dürnstein gefangen
- im Stifterbuch des Klosters Zwettl wird Hadmar häufig als Förderer und Wohltäter des Klosters genannt
- das Stifterbuch des Klosters berichtet auch von seinem Tod (fol. 25/26): „Hadmar folgte dem Aufruf zum Kreuzzug, den Papst Innonzenz III. 1215 verkündet hatte und schloss sich dem Babenbergerherzog Leopold VI. an. Nach der Überfahrt erkrankte er und starb am 22. Juli 1217. Seine Gefährten kochten die Leiche, um das Fleisch von den Knochen zu trennen. Sie nahmen die Knochen sowie seinem Wunsch gemäß das Herz und die rechte Hand unter großen Mühen mit in die Heimat und bestatteten sie im Kloster Zwettl."
- den Beinamen "Hund" hatte Eufemia von Mistelbach mit in die Ehe mit Hadmar II. (gestorben 1217) gebracht, er ging von den Mistelbachern auf die Kuenringer, besonders aber auf ihre Söhne Hadmar und Heinrich, über, "Hund" war ursprünglich ein ehrenvoller Name für einen Ritter, der seinem Herrn treu diente, und geriet erst später durch die Erhebung der Söhne Hadmars II. gegen ihren Landesfürsten in Verruf und wurde dann auch spöttisch gebraucht (den Enkel Hadmars II. verspottete man als "Hündchen")

2 Söhne:
- **Hademar** III. von Kuenring (1185-1231)
- **Heinrich** III. von Kuenring

- beide Brüder findet man in der engsten Umgebung von Herzog Leopold VI. (Herzog von Österreich und der Steiermark), wobei Hadmar häufig mit ihm oder in seinem Auftrag auf Reisen war, während Heinrich mehrmals in dessen Abwesenheit das Regiment des Landes anvertraut bekam (1226/27, 1229/30) und er seit 1228 das erbliche Marschallamt innehatte: Landmarschall von Österreich
- als Leopold VI. 1230 starb, kam es zur Krise und zum Aufstand (1230/31)
- im 13. Jahrhundert stellten sie sich an die Spitze der Aufständischen gegen den Babenberger Herzog Friedrich II. (Sohn von Leopold VI.)
- eine Gruppe um die Kuenringer bemächtigte sich des Babenberger-Schatzes und schloss demonstrativ die Burgen, in der Hoffnung, den Herzog zu Verhandlungen zu zwingen; er sollte die Rechte der Ministerialen bestätigen
- Herzog Friedrich II. verhandelte jedoch nicht, sondern zog, gestützt auf die Kirche, die Bürger der Städte und eine bedeutende Adelsgruppe, erfolgreich gegen die Aufrührer
- Friedrich II. der Streitbare blieb siegreich, konnte es sich aber wegen aktueller außenpolitischer Bedrohungen nicht leisten, den oppositionellen Adeligen gänzlich ihre Machtgrundlage zu entziehen
- die Erzählung von den räuberischen "Hunden" kam der landesfürstlichen Propaganda sehr entgegen
- die Kuenringer als "Raubritter" zu diffamieren, bedeutete, dass sie unrechtmäßig Fehde gegen ihren Landesherrn führten und daher im Unrecht waren, während der junge, tapfere und gerechte Landesfürst zum Wohl des treuen Adels, der Kirche und der Bürger handelte
- 1251 waren Kuenringer, die nach 1246 eine selbständige Landesverwaltung versucht (*Albero V.* begegnet als capitaneus Austriae) und dann die Partei der Kgn. Margarete ergriffen hatten, unter den mächtigen Landherren, die den Přemysliden Otakar ins Land riefen; sie waren maßgeblich an der Einsetzung von Ottokar Premysl beteiligt und waren später in Opposition zum Habsburger Albrecht I.

Hademar III. von Kuenring

(1185-1231)
- Hadmar III. starb vermutlich 1231 im Kirchenbann, den der Bischof von Passau wegen der Verwüstungen von Passauer Kirchengut über die Brüder verhängt hatte
- 2 Söhne: Albero (V.) und Heinrich (IV.), sie standen 20 Jahre später unter dem Böhmenkönig Ottokar II. wieder an der Spitze des Landes

Heinrich III. von Kuenring

(+ ca. 1233)
- Heinrich überlebte seinen Bruder und fand (vermutlich 1233) bei einem Einfall in Böhmen den Tod

Eufemia von Kuenring (Pottendorf)

(geb. ca. 1215, gest. ca. 1285)
- Eufemia, benannt nach ihrer Großmutter Eufemia von Mistelbach, eine der bedeutendsten Frauen des kuenringischen Hauses
- Tochter Heinrichs III., des legendären "Hundes" von Kuenring, und der Adelheid von Neuburg-Falkenstein
- in erster Ehe mit Irnfried von Hindberg verheiratet, nach dessen Tod (1237) mit Rudolf von Pottendorf, nannte sich aber immer nach ihrer Herkunftsfamilie "Eufemia von Kuenring"
- aus ihrer Ehe mit Rudolf von Pottendorf hatte sie sechs Kinder
- die Weiterführung der kuenringischen Adelstradition erfolgte über die Söhne ihres Onkels Hadmar III., Albero (V.) und Heinrich (IV.)
- die Kuenringer starben 1594 aus, der letzte Kuenringer war Johann VI. Ladislaus (+ 1594)

Pottendorf

- Ort wahrscheinlich nach einem seiner ersten Siedler benannt, dem im 11. Jahrhundert lebenden, aus dem Geschlecht der Aribonen (Aribonen ist der Name einer edelfreien Sippe, die zwischen ca. 850 und 1100 in Bayern und Ostarrichi/Mark Österreich ihren Wohnsitz hatte) stammenden Potho (Botho), er gab vermutlich dem Ort, der um die Burg entstand, seinen Namen „Potodorf" (später Pottendorf)
- ein Rudolf von Pottendorf wird als Erbauer der Burg um 1090/1130 genannt

Friedrich II., genannt *der Streitbare*, Herzog von Österreich und der Steiermark

(* 15.6.1211 + 15.6.1246)
- Vater: **Leopold VI.**, *der Glorreiche* (* 1176 + 1230 aus dem Geschlecht der Babenberger,
Mutter: **Theodora Angela Prinzessin von Byzanz** (* nach 1205 + 1246)
- von 1230 bis 1246 Herzog von Österreich und der Steiermark
- Schwester: Margarete von Babenberg, auch *Margareta von Österreich*
- Bruder: Heinrich von Österreich

- Beiname *der Streitbare*: er war zeit seiner Regierung ständig in Kämpfe mit allen Nachbarn verwickelt – vor allem mit Ungarn, Bayern und Böhmen
- auch die bisher dem Herzogshaus treu ergebenen Kuenringer erhoben sich gleich zu Anfang seiner Regierung gegen ihn
- am gefährlichsten waren seine Streitigkeiten mit Kaiser Friedrich II. (Aufstand gegen das Reich)
- *entzog seiner Mutter Theodora nicht nur ihren Besitz, sondern drohte sogar damit, „ihr die Brüste abschneiden zu lassen, wenn er ihrer habhaft würde.“, sie floh daher nach Böhmen zu König Wenzel I., von dort ging sie an den Hof von Kaiser Friedrich II., um sich dort über das Verhalten ihres Sohnes zu beschweren, im Jahre 1235 wurde daher am Hoftag zu Mainz ein reichsgerichtliches Verfahren gegen Herzog Friedrich eingeleitet, das ihr die Rückkehr nach Österreich ermöglichte (sie überlebte ihren jüngsten Sohn Friedrich um eine Woche; die anderen beiden Söhne waren schon vorher gestorben)*
- am 27. Juni 1236 wird Herzog Friedrich in Nürnberg geächtet, abgesetzt, verfolgt
- Kaiser Friedrich II. zog im Januar 1237 in Wien ein, Friedrich zog sich in die Wiener Neustadt und auf die Burg Starhemberg zurück
- Kaiser Friedrich marschierte nach Süden gegen die Lombarden, Herzog Friedrich eroberte 1239 Wien zurück
- **Schlacht am 15. Juni 1246 im Burgenland an der Leitha (Pottendorf? der genaue Ort ist unbekannt)**
- bei der Verfolgung stürzte das Pferd Friedrich II. - **eine Versionen vom Tod Friedrichs II.: Graf von Pottendorf, dessen Schwester Friedrich II. verführt hatte, hat ihn aus Rache im Getümmel der Schlacht erdolcht**

- in erster Ehe mit der kinderlosen *Sophie von Ungarn* verheiratet (er verstieß sie), in zweiter Ehe (1229) mit **Agnes von Andechs-Meranien** (eine Urenkelin von Kaiser Friedrich Barbarossa); 1243 Scheidung wegen Kinderlosigkeit (ab 1250 ist sie als Gemahlin Ulrichs von Spanheim belegt; mit Ulrich soll sie zwei Kinder gehabt haben)
- die dritte Ehe mit einer bayerischen Prinzessin kam nicht mehr zustande
- mit Friedrich II. starben die Babenberger im Mannesstamm aus
- erbberechtigt nach ihm waren (Privilegium Minus: sah auch die weibliche Erbfolge vor) seine Schwester Margarete und seine Nichte Gertrud von Österreich; 1245: Kaiser Friedrich (52) will sich mit Gertrud (19) vermählen, zwecks österreichischem Erbe; Gertrud lehnt aber ab

Heinrich von Österreich (Babenberger)

genannt „der Grausame" oder „der Gottlose"
(* 1208; + 29.11. 1227/1228)
- der ältere Bruder von Friedrich II. dem Streitbaren
Doppelhochzeit in Nürnberg:
- Heinrich heiratete in Nürnberg am **29. November 1225** Agnes Landgräfin von **Thüringen**
(* 1205; + 1247; eine Schwester von Ludwig IV. dem Heiligen, Landgraf von Thüringen)
- königliche Eheschließung seiner Schwester Margarete mit König Heinrich VII. (Sohn von Kaiser Friedrich II.)
Trotz großer Pracht und zahlreichen hochrangigen Gästen wurde das Fest von ungewohnten Zwischenfällen überschattet. Der von Kaiser Friedrich II. als Reichsverweser eingesetzte Erzbischof Engelbert I. von Köln, Graf von Berg, wurde kurz vor der Hochzeit in Gevelsberg von seinem Neffen erschlagen; auf dem Fest kam es daher zu bewaffneten Streitigkeiten über die Verantwortung für diesen Mord; außerdem brach eine Treppe im Schloss ein, wodurch mehrere Gäste zu Tode kamen.
- König Ottokar I. von Böhmen fiel 1226 in Österreich ein (der Kaisersohn Heinrich VII. sollte eigentlich seine Tochter heiraten, diese wurde ihm dann zurückgeschickt, daher Rache am Vater der nunmehrigen Braut Margarete, Leopold VI.), unterstützt wurde er dabei von Heinrich von Österreich, der sich gegen seinen Vater Leopold erhob
- sehr beschränkter Erfolg, da die führenden österreichischen und steirischen Ministerialen ihm die Gefolgschaft verweigerten; dem böhmischen Einfall stellte sich der Landmarschall von Österreich, Heinrich von **Kuenring** entgegen, der die böhmischen Soldaten aus dem Land vertrieb
- Heinrich von Österreich selbst gelang nur ein bescheidener Erfolg: er konnte **seine Mutter** aus ihrer Residenz, der Burg von Hainburg **vertreiben**
- Heinrich musste sich seinem Vater unterwerfen und starb vor ihm
- die Rebellion gegen den Vater, die Zusammenarbeit mit den feindlichen böhmischen Truppen, die das Land verwüsteten, und die Vertreibung seiner Mutter blieben unvergessen
- aus der Ehe Heinrichs mit Agnes von Thüringen stammt die Tochter Gertrud Herzogin von Österreich und Steiermark (* 1226; + 24. April 1288/1299), später verheiratet mit Hermann VI. von Baden

Margarete von Babenberg, auch *Margareta von Österreich*,
(* 1204 oder 1205; + 29.10.1266)
- **Schwester** von Friedrich II. dem Streitbaren
- Ehefrau des deutschen Thronfolgers Heinrich VII. und erste Ehefrau des
böhmischen Königs Premysl Ottokar II.
- am **29. November 1225** heiratete sie König Heinrich VII., den Sohn
Kaiser Friedrichs II., ihre Krönung fand am 28. März 1227 in Aachen statt;
Heinrich wurde nach der fehlgeschlagenen Erhebung gegen seinen Vater
1235 gefangen gesetzt und starb 1242
- Margarete begab sich 1242 in das Dominikanerinnenkloster St. Katharinen in Trier und ab 1244 ins Kloster St. Markus in Würzburg desselben
Ordens
- nach dem Tod ihres kinderlosen Bruders Friedrichs II. der Streitbare
versuchte sie, ihre Erbansprüche auf die Herzogtümer Österreich und Steiermark gegenüber ihrer Nichte Gertrud durchzusetzen
- Wenzels jüngerer Sohn Ottokar II. ehelichte am 11. Februar 1252 Margarete, die Braut war älter als ihr Schwiegervater König Wenzel I.
- dadurch übertrug Margarete die Herrschaft der Herzogtümer Österreich
und Steiermark an ihren Ehemann
- als 50-jährige war sie aber außerstande, mit ihm Erben zu zeugen, Ottokar
versuchte über den Papst, den unehelichen Sohn, den er mit einer von
Margaretes Zofen hatte, als rechtmäßigen Nachfolger legitimieren zu lassen
- nachdem der Papst dies verweigerte, trennte sich Ottokar 1261 von Margarete, sie ging nach Krumau zurück

Marggraf von Mähren
Přemysl von Mähren
(* 1209; + 16.10.1239)
- Markgraf von Mähren
- jüngster Sohn des böhmischen Königs Ottokar I. Přemysl aus dem Geschlecht der Přemysliden
- er konkurrierte sein ganzes Leben lang mit seinem älteren Bruder, dem
König Wenzel I. von Böhmen, dessen Entscheidungen, dessen Königswürde und Oberherrschaft er nie ernsthaft anerkannte
- 1233 unterstützte er den Babenberger Herzog **Friedrich den Streitbaren**
von Österreich im Kampf gegen den böhmischen König
- Niederlage für Přemysl, dank der Vermittlung der Mutter verzieh Wenzel
I. seinem Bruder
- 1237 erhob sich Přemysl erneut gegen den König der Böhmen, abermals
Niederlage

- Přemysl floh 1238 nach Ungarn, erhielt aber auf Fürsprache von König Bela IV. einen Teil seiner Lehen zurück, 1239 starb Přemysl
- Ehe mit Margarete von Meranien, der jüngeren Tochter des Herzogs Otto I. von Andechs-Diessen, keine Nachkommen

Wenzel I. Přemysl
(* um 1205; + 23.9.1253
- von 1230 bis 1253 König von Böhmen
- als eine seiner ersten staatsmännischen Aufgaben beendete er den Streit mit dem letzten österreichischen Babenberger, dem Herzog Friedrich II., dieser verstieß seine Ehefrau Sophie, Tochter des byzantinischen Kaisers und Schwägerin des ungarischen Königs, wegen Kinderlosigkeit
- Wenzels Mutter, die aus Ungarn stammte, empfand dies als Kränkung, und Wenzel nahm dies zum Anlass, um 1230 in Österreich einzufallen
- Wenzel eroberte Niederösterreich und Wien, Friedrich zog sich in die Wiener Neustadt zurück
- Wenzel I. war verheiratet mit Kunigunde von Schwaben; Kunigunde (1202-1248) war die Tochter des deutschen Königs und schwäbischen Herzog Philipp aus dem Haus der Staufer und seiner Frau, der byzantinischen Prinzessin Irene, Tochter des Kaisers Isaak II.
Nachkommen:
- Vladislav (+ 3. Januar 1247), Markgraf von Mähren, 1246/47 Anwärter auf die Herzogtümer Österreich und Steiermark, Ehe 1246 mit Gertrud von Österreich
- Ottokar II. (1232–1278), König von Böhmen
- Beatrix (Božena) (+ 25. Mai 1286), Ehe 1243 mit Markgraf Otto III. der Fromme von Brandenburg
- Agnes (+ 1268), Ehe 1244 mit Markgraf Heinrich III. der Erlauchte von Meißen

Kaiser Friedrich II.
(* 26.12.1194 + 13.12.1250)
- aus dem Geschlecht der Staufer
- ab 1211/12 deutscher König, von 1220 bis zu seinem Tod Kaiser des römisch-deutschen Reiches
- nach einem erfolgreichen Kreuzzug trug er 1229 außerdem die Krone des Königreichs Jerusalem
- Enkel von **Friedrich I. Barbarossa** (* um 1122; + 10.6.1190)

- in der **Schlacht von Cortenuova** am 27./28. November 1237 besiegten die Truppen von Friedrich II. von Hohenstaufen die Streitkräfte des **Lombarden**bundes
- bei ihrer panischen Flucht ließen die mailändischen Truppen sogar ihren Fahnenwagen zurück, der anschließend auf Befehl des Kaisers durch die Straßen Cremonas, der alten Rivalin Mailands (die zudem mit dem Kaiser verbündet war), gezogen wurde, gewaltigen Eindruck erweckte das Spektakel schon dadurch, dass der Wagen von einem **Elefanten** gezogen wurde

Petrus a Vineis
Petrus de Vinea
(+ vor 1200 + 1249)
(lat. vinea Weingarten, Weinstock)
- leitender Notar und Kanzler des römisch-deutschen Kaisers und Königs von Sizilien, Friedrichs II.
- ab 1224 Richter am Großhofgericht
- 1230–1231 Leiter der kaiserlichen Kommission, welche die Konstitution von Melfi verfasste, das erste staatliche Gesetzbuch Europas seit der Antike
- hatte seit 1244 die Position eines leitenden Ministers inne, wurde vom Kaiser auch mit diplomatischen Missionen betraut
- reiste im Februar 1235 als Leiter einer Delegation nach England, um für Friedrich um die Hand der Prinzessin Isabella zu werben
- die Hintergründe des Falls Petrus de Vineas, der auch als enger Freund Friedrichs galt, sind nicht eindeutig aufzuklären
- 1249 wurde aus dem Hofstaat des Kaisers ein Giftanschlag auf Friedrich II. verübt
- Petrus wurde der Teilnahme verdächtigt und geblendet
- Eingekerkert in San Miniato, verstarb er kurz darauf, entweder durch Selbstmord oder durch die Folgen der Blendung
- möglich ist, dass Petrus de Vinea tatsächlich Verbindungen zu den Gegnern des Kaisers aufgenommen hatte (wie dem Papst), oder dass er einer Intrige zum Opfer gefallen ist

Einige Worterklärungen:

ahnden: auch: bestrafen, rächen
Apologie: Verteidigung, Rechtfertigung
besorgen: Sorge, Angst um etwas haben; befürchten
Blödigkeit: eine Art von Schüchternheit
entsetzen, hier: absetzen, einen seines Throns, Amtes, Dienstes entsetzen
furchte: im 18. Jh. noch genutzt für *fürchtete*
gastfrey: freigebig, großzügig zu Gästen
hinführo: *hinfüro,* fernerhin, weiterhin
meistern: lehren, unterweisen, *einen meistern,* ihm als Lehrer, Erzieher Vor-
schrift geben
Mummerey: Vermummung, Verkleidung
nährlich hier: knapp, kaum; vgl. Englisch narrowly *knapp, mit knapper Not,*
mit Mühe
räsonieren: hier: vernünfteln, Gründe anführen, von frz. *raison* Vernunft
Redoute: Bezeichnung für einen eleganten Maskenball, uspr. Saal für Tanz-
veranstaltungen
Schnur: Schwiegertochter; Ableitung zu indogerm. sunu-, Sohn
Sensation, hier: sinnliche Empfindung und Gefühl

Meinhard,
Graf zu Tirol.

Eine Begebenheit
des funfzehnten Jahrhunderts.

Leipzig,
in der Weygandschen Buchhandlung.
1794.

Erster Abschnitt.

Noch hin und wieder finden sich in Deutschlands Gegenden ehrwürdige Denkmale von jenem heroischen Geiste unsrer Vorfahren aus den früheren Jahrhunderten, welcher so wenig rasten konnte, daß, in Ermangelung allgemeiner Heerfahrten, einzelne Befehdungen das gewöhnliche Rittergeschäft waren. Ruinen von Burgen und Raubschlössern erhalten das Andenken jener Thaten, welche zwar nicht immer dem menschlichen Geiste Ehre machen, aber doch bei der damaligen Denkart sich entschuldigen ließen. Romanhaft war der Geist jener Zeiten; und romanhaft wählten sie auch gewöhnlich die Lage ihrer Vesten und Bergschlösser.

Aber wenige werden eine so erhabene romantische Lage aufzuweisen haben, als das Schloß Uttenheim im Tiroler Gebiete, dessen edler Besitzer in dem funfzehnten Jahrhunderte lebte. Er war der letzte männliche Erbe einer alten und ehrenvollen Familie. Graf Meinhard zu Uttenheim in Tirol war in seiner frühen Jugend eben so sehr wegen ritterlicher Thaten, als wegen der vollkommensten Anmuth seines Geistes und seines Körpers, berühmt gewesen. Er hatte sich im Dienste seines Vaterlandes hervorgethan, und trug noch immer manche rühmliche Narben an sich, welche er auf dem Felde bei einer ehrenvollen Heerfahrt bekommen hatte. – Jetzt, da er in Uebung der Tapferkeit und des Muths grau geworden, lenkten sich seine Gedanken allmählig auf niedrigere Gegenstände des Wetteifers. Der nämliche Arm, welcher die Rechte seiner Landsleute geschützt hatte, äußerte jetzt seine Thätigkeit mit ungeschwächtem Eifer in den sanfteren Auftritten häuslicher Glückseligkeit und Menschenliebe.

Mit kühner Unerschrockenheit hatte er alle die dornichten Irrgänge einer ungewissen Lebensart zurück gelegt, und sich zu dem Thale ungestörter Ruhe hingeschlichen, wo er die wonnevolle Erinnerung an eine untadelhaft vollendete Tagreise genießen konnte. Der Abend des menschlichen Lebens ist bei dem Tugendhaften still und unbewölkt; er sinkt in das Grab, wie eine untergehende Sonne, geschmückt mit mäßigem Glanze, und nimmt seinen Lauf nach jener unterirdischen Wohnung, aus welcher er mit verjüngter Herrlichkeit wieder hervortreten wird!

An der Seite eines schönen Forsts, wider die schädlichen Nordwinde durch eine Kette von Bergen geschützt, umringt mit hundertjährigen Bäumen, welche über ein Gewölbe von üppigem Laubwerke hervorragten, glänzten die verguldeten Fahnen des Uttenheimer Schlosses, dem Auge des noch entfernten Wanderers entgegen; – unterdessen daß seine erhabenen

Thürme ihre langen Schatten über einen ausgebreiteten See hinwegstreckten, welcher zum Theile das benachbarte Thal überdeckte.

Der jähe Abhang, von dessen umnebeltem Gipfel der furchtsame Schäfer mit Staunen und Schrecken herabblickte, schwebte in zitterhafter Höhe über seine wäldigte Umfassung; unterdessen daß unten in krümmenden Gängen die rauschenden Ströme ihren weißen Schaum verbreiteten, und sich bald in unsichtbaren Kanälen verloren, bald in kleine Bäche nach dem hintern See hin sich theilten.

Ein so wilder, so romantischer Ort, schien mehr das Werk von Zauberey zu seyn, als die irdische Wohnung irgend eines sterblichen Wesens! Das harmonische Wirbeln der gefiederten Sänger, – das murmelnde Getöse dazwischen rauschender Ströme, – das heulende Klagen der eingeschlossenen Winde zwischen den felsengewurzelten Fichten, welche ihr hohes Haupt bewegten, und ihre federlosen Bewohner auf den Zweigen wiegten; – die grünen Flächen, welche hier und dort eine Aussicht nach dem freien Himmel öfneten, und mit Schafen und Gemsen bedeckt waren; – die benachbarten Hügel, welche ihren schwarzen Rücken über eine große Fläche zitternden Wassers hinstreckten, – alles dieses gewährte einen so erhabenen, von der geschäftigen Welt so entfernten Anblick, daß das Herz des Zuschauers vor wonnevollem Entzücken bebte, und mit den hohen Gefühlen bezaubernder Schwermuth in Einklang gerieth.

Die Burg Uttenheim war im Anfange des zwölften Jahrhunderts erbaut worden. Das Gebäude bestand aus einem weitläufigen Hofraume, welcher von einem ungeheuren Werke der Baukunst in der ausgesuchtesten Ordnung eingefaßt war. An jeder Ecke zeigte ein erhabener Thurm die mannigfaltigsten und üppigsten Aussichten; die Vorderseite, welche nach dem See zu ging, erhob sich über einem unverwundbaren Walle, dessen mit Epheu bedeckte Abstufungen eine schöne und ausgebreitete Terrasse bildeten. Die südliche Seite zeigte unzählige Alleen, welche durch den ehrwürdigen Forst hindurch gezogen waren, und welche nach den Grenzen von Graubünden hinführten. Auf der Nordseite war die Aussicht durch acht romantische Berge begrenzt; – das Thal jenseits des Sees führte zu einer grünen Fläche von einigen Meilen in die Länge, und entdeckte mit einemmale tausend unbeschreibliche und bezaubernde Reize. –

Die unzähligen kleinen Hütten, welche in der Nähe der Burg hin und her zerstreut lagen, waren Beweise von der gastfreundschaftlichen Denkart des edeln Eigenthümers und Schutzherrn; die Zufriedenheit und Verträglichkeit der Landarbeiter warf auf seinen Namen einen Glanz zurück, welcher die eitle Prahlsucht nicht ohne Erröthen gesehen haben würde; unterdessen daß er, in diesem abgelegenen Paradiese, jene Gesundheit und Ruhe des Geistes genoß, welche sich selten in den Palästen der glänzendsten Städte findet.

In dieser glücklichen Einsamkeit, mitten unter der beruhigenden Thätigkeit eines häuslichen vertraulichen Lebens, gesättigt von den erschlaffenden Vergnügungen der großen Welt – hatte der ehrwürdige Graf während sechszehn Jahren den Lohn eines ruhmvollen Dienstes genossen, ohne auch nur ein einzigesmal seinen Zufluchtsort zu verlassen, oder nur einen einzigen Wunsch gehegt zu haben, über die Grenzen seines Gebietes hinaus zu schwärmen. Seine Familie bestand aus der verwitweten Gräfin von Wetterau, seiner Schwester; – der Gräfin Kunigunde, ihrer Tochter; – Therese, ein junges und schönes Mädchen, welche seit ihrer Kindheit, mit aller der Sorge und Achtung, welche einer vornehmen Waise gebührt, im Schlosse war erzogen worden; – und aus einem zahlreichen Gefolge von Hausbedienten, von welchen manche im Dienste ihres Herrn alt und schwach geworden waren, und wie er, sich der engen Wohnung ewiger Ruhe immer mehr näherten.

Graf Meinhard, welcher kein größers Vergnügen kannte, als Glückseligkeit um sich her zu verbreiten, widmete alle seine Stunden den Freuden und der Ausbildung seiner jungen Gesellschafter. Er hatte weder den Murrsinn des Alters, noch die strenge Zurückhaltung der Weisheit und Erfahrung. Er war lauter Güte und Wohlwollen; denn er wußte gut, daß die jugendliche Seele, wie die zarte Blume des zeitigen Frühlings, einer milden und pflegenden Hand bedarf, um sie bis zur Vollkommenheit zu bringen. Die kleinste Knospe, welche gegen die wütenden Elemente Schutz findet, entfaltet ihre seidenen Blätter, und verbreitet Wohlgerüche, – da hingegen die starke Eiche, welche ihre breiten Aeste den beißenden Winden hin hält, die glühende Jahreszeit in nackter Armuth erwartet.

Bisweilen, wenn er von seiner schönen Familie umringt war, unterhielt er ihre Aufmerksamkeit durch die Erzählung seiner frühen Thaten kriegerischer Kühnheit; die Gefahren des Schlachtfeldes, das lärmende Geschrey der Sieger, und das Aechzen erschlagener Helden, wurde in der rührendsten Sprache geschildert. – Er beobachtete die verschiedenen Eindrücke in den Gemüthern seiner kleinen Zuhörer; und oft küßte er die Thräne weg, welche seine Erzählung ihnen abgedrungen hatte. – Ein andermal schilderte er ihnen die Flitterfreuden, und die verwickelten Ränke des Hoflebens, und bemerkte, wie sich ihre Rosenwangen mit der noch höhern Röthe des Unwillens färbten. – Auch die Abwechslungen und Verlegenheiten der sanfteren Leidenschaft entgingen seiner Bemerkung nicht; er hatte ihre Stiche gefühlt, er hatte ihre Freuden bedauert; er hatte Gift aus dem Auge der Schönheit getrunken, und sein Herz hatte an der schlimmsten Wunde kühner Undankbarkeit geblutet. Tief hatte er das menschliche Gemüht erforscht, und hatte sich einen Weg durch alle die krummen Irrgänge desselben heraus gefunden. Aber sein feines Gefühl für Ehre, machte ihn bis zur Aengstlichkeit behutsam; er prüfte mit dem kurzsichtigen Auge des Vorurtheils; und beurtheilte die Menschen überhaupt mehr nach seiner Vorstellung von dem, was sie seyn **sollten**, als daß er einer Ueberzeugung von dem, was sie wirklich **sind**, nachgegeben hätte.

Therese, welche seit dem tändelhaften Aufdämmern kindlicher Einfalt, bis zu dem vollen Tage gebildeter Jugend, der Liebling des Grafen gewesen war, hatte alle Vortheile erhalten, welche durch Kenntnisse gewannen, oder durch die Tugend in Fertigkeiten verwandelt werden; bereitwillig hatte ihr Geist die vollen Eindrücke von beiden aufgenommen, und zeigte jetzt ein vollendetes Muster von Vollkommenheit. Sie kannte keinen Wunsch, als den Wunsch ihres Beschützers und dessen liebenswürdiger Schwester, der Gräfin Adelheid von Wetterau. – Die lebhafte Kunigunde, zwei Jahre älter als Therese, war ihre einzige jugendliche Gesellschafterin gewesen; sie hatten beide die nämliche Erziehung erhalten, die nämlichen Gefühle gehegt, und die nämlichen Beschäftigungen betrieben; sie glänzten wie Zwillingsgestirne, deren eines von der Klarheit das andern einen vorübergehenden Schimmer entlehnt.

Die Gräfin Adelheid war noch in dem Lenze ihres Lebens; sie hatte kaum ihr sieben und dreißigstes Jahr erreicht; und bei den Vortheilen einer herrlichen Gesundheit und äußerlicher Schönheit, war sie immer noch, was man ein liebenswürdiges Frauenzimmer nennen könnte.

Ihre Gestalt war gefällig majestätisch; ihr Blick, mehr gebietend, als schüchtern; aber es strahlte aus ihren großen schwarzen Augen ein Glanz, welcher selten an dem glühenden Mittagshimmel jugendlicher Schönheit gefunden wird; sie war im höchsten Grade ausgebildet; ihr Herz war der Sitz unverfälschter Tugend, und ihr Verstand durch anhaltende Beschäftigung mit Wissenschaften so aufgeklärt, daß sie einen Grad von klassischen Kenntnissen erreicht hatte, welcher selten, und vielleicht nur in den einsamen Pflanzschulen scholatischen Ernstes erlangt wird.

Sie war in dem früheren Zeitraume ihres Lebens in dem Dunkel eines Klosters erzogen worden; ihre Reize, welche zufälligerweise bei einer öffentlichen Religionsfeierlichkeit sichtbar wurden, fesselten die Neigungen des Grafen Ulrich von Wetterau, dessen hohe Geburt, schöne Talente und äußerst gefühlvolles Wesen, seinen Wünschen das Wort redeten.

Die wenigen Jahre häuslicher Glückseligkeit, welche sie in dieser Verbindung genoß, schwunden hinweg, wie der matte Schein einer Wintersonne über einer dunkeln und bewölkten Halbkugel; sie waren vorübergehend, und wurden bald von den trüben Stürmen des launischen Schicksals übereilt.

Graf Ulrich war bieder, völlig gebildet, und liebenswürdig; aber die Lebhaftigkeit der Jugend, und das zarte Gefühl für Schicklichkeit, welches alle Empfindungen seines Herzens beherrschte, brachte ihn oft in Lagen, welche blos die von Weisheit geleitete Klugheit vermeiden kann, welcher aber der Mann von Ehre sich nicht ohne Schaudern unterzieht.

In einem Augenblick geselliger Eintracht, veranlaßte ein unbehutsamer Ausdruck eine persönliche Beleidigung von einem Manne, welcher ihm an Geburt gleich, aber von stolzem Geiste, und rachsüchtiger Art war; Gewohnheit überstimmte die mildern Vorschriften der Menschenliebe; und die strengen Gesetze der Ehre rechtfertigten das Grausenvolle eines erlaubten Mordes.

Die Zusammenkunft geschah an der Tiroler Grenze; ein falscher Stolz hinderte eine ausgleichende Erklärung von beiden Seiten; alle die theuern Bande der Freundschaft wurden zerrissen; der Dämon der Rache schnaubte nach Blut; Graf Ulrich fiel, als ein Opfer seiner Uebereilung.

Seine liebenswürdige Witwe, welche durch den unglücklichen Erfolg eines barbarischen Herkommens sich auf immer von demjenigen getrennt sah, welchen sie fast bis zur Anbetung geliebt hatte, verlies sogleich, mit ihrer damals noch unmündigen Tochter, Kunigunde, ihren bisherigen Aufenthalt. Ihr verwaistes Herz erkrankte bei dem schimmernden Glanze, welcher sie umgab; jeder freudenvolle Auftritt diente ihr blos zur Erinnerung an ihren verlornen Gatten. Die scheinbaren Vergnügungen der Welt verblühen vor dem gesenkten Auge des gedankenschweren Kummers; und nächst der Ergözung an geselligem Umgange, genießt die fühlende Seele eine ausgesuchte Befriedigung in ungestörter und vorsetzlicher Betrübniß; das Gedächtniß erneuerte die fortschreitende Entzückung des Vergangenen; und das Gefühl vergleicht es, in der üppigsten Wehmuth, mit dem

Gegenwärtigen; selbst der Schatten weichender Glückseligkeit ist tröstend; wir blicken ihr nach, wie der Wanderer nach den letzten hellen Streifen der Abendsonne, mit der erheiternden Hofnung, sie werde wiederkehren, um ihn auf seiner Trauerreise zu leiten.

Nur einige wenige langweilige Monate hatte sich die liebenswürdige Gräfin, deren Betrübniß von keiner Linderung wußte, sondern, bei der Rückerinnerung an vorige Jahre und Zeiten, tief in dem Innersten ihres Herzens Wurzel gefaßt hatte, in dieser Gegend noch aufgehalten; aber sobald sie die Geldangelegenheiten ihres verstorbenen Gemahls berichtigt hatte, dachte sie allmählig auf ihre Abreise. Die Burg Uttenheim öfnete ihr eine Freistätte, wo sie von der Welt abgeschnitten rasten, und den Schutz ihres würdigen Bruders genießen konnte.

Der Graf, welcher seit kurzem seinen beständigen Aufenthalt in diesem süßen Elisium genommen hatte, freute sich bei der Aussicht auf den Umgang mit seiner Schwester. Bei ihrer Ankunft bewillkommte er sie mit den frohen Aeußerungen unverstellter Liebe; und die kleine Therese umfaßte ihre Kniee mit der natürlichen Wärme schutzloser Zärtlichkeit.

Seit dieser Stunde kannte sie keine andre Mutter, als die Gräfin Adelheid; ihr Ursprung, ihr Rang, selbst ihr Familienname, war ihr unbekannt; bei dem ersten Aufdämmern ihrer Vernunft sah sie sich als den Liebling des Grafen, als die Pflegetochter seiner Schwester, als die Gesellschafterin von Kunigunde, und als den Gegenstand allgemeiner Anbetung in dem Schlosse, welches sie bewohnte; die Landleute in dem benachbarten Forste widmeten ihr jährliches Fest ihrer kleinen Göttin, welche sie, in ihrer begeisterten Hochachtung, die Rose von Uttenheim genannt hatten.

Therese hatte eben ihr funfzehntes Jahr erreicht; ihre Gestalt war das lebendige Bild ihrer Seele. Wahrhaftigkeit, Güte, reine und ungekünstelte Behutsamkeit, sanftes Gefühl, und Würde ächter Tugend, berechten sie zu der Achtung, so wie die vorzügliche Schönheit ihres Zauberblicks das Herz eines jeden, welcher sie sah, fesselte. Ihr Wuchs war lang, und in dem schönsten Ebenmaase; – ihre Farbe war weder die dürftige Weiße der lilienbusichten Cirkassierinn, noch das männliche Dunkel der gallischen Brunette; Gesundheit blühte auf ihrer Wange, unterdessen daß das Funkeln ihrer dunkelblauen Augen seinen Glanz von dem unentweihten Feuer entlehnte, welches die Vollkommenheit des Verstandes ihrer Seele gab. – Ihre Stimme war mild wie das Gurren der Turteltaube; ihr Lächeln der sanfte Ausdruck von Zärtlichkeit und Wohlwollen! – Sie war alles, was man sich in der Einbildung nur schildern, oder mit dem innigsten Gefühle verehren kann! – Vollkommenheit konnte nicht weiter gehen! –

Graf Meinhard verbrachte die sinkenden Stunden des Abends seines Lebens in dieser wonnevollen Gesellschaft, unter beständigem Suchen nach solchen Freuden, welche das Herz seiner liebenswürdigen Zöglinge ergötzen, und ihren Verstand erweitern könnten. Die unschuldige Frölichkeit ländlicher Feste, die Vergnügungen der Jagd, Musik, Mahlerey und Literatur, wurde so einsichtsvoll in Verbindung gebracht, daß Studiren Freude wurde, und das Vergnügen niemals in die schläfrige Mattheit des Ueberdrusses zurück sänk.

Therese hatte eine beträchtliche Höhe in der Wissenschaft der Harmonie erreicht; ihre Stimme war der seraphische Wiederhall ihrer Laute, deren Saiten, unter der Zauberberührung ihrer geschickten Finger zu der Seele sprachen. Sie war mit den Werken der berühmtesten französischen und italiänischen Schriftsteller bekannt; die Schönheiten eines Ariost und Petrarch fesselten ihr Herz abwechselnd; sie fühlte die Kraft ihrer Meisterstücke, ohnerachtet sie mit den Empfindungen unbekannt war, welche sie einflößten. Glückliche Therese! Im stillen Schooße der Einsamkeit erzogen, fürchtete sie nicht die Abwechselungen des Schicksals, oder die nagenden Schmerzen des kämpfenden Kummers!

Die Morgenlüfte hatten kaum den Gipfel der Berge gefechelt, welcher mit strahlendem Lichte von der östlichen Halbkugel gefärbt war, – als das belebende Horn die liebenswürdige Therese aus dem unschuldigen Schlummer der Ruhe weckte. Ermuntert von dem Schalle, legte sie schnell ihre Morgenkleidung an, eilte zu Kunigundens Zimmer, und forderte sie auf, ihre Freude mit ihr zu theilen. In ungeduldiger Eile begaben sie sich auf einen jener erhabenen Thürme, von dessen Altane sie einen weiten Blick über die umliegende Gegend thun konnten.

Der Schall näherte sich mit verdoppeltem Nachklange von den benachbarten Hügeln; und bald entdeckten sie über den Brüchen im Forste ein zahlreiches Gefolge von Reutern, welche mit der gefährlichen Hetze eines wilden Ebers emsig beschäftig waren. Sie rückten dem Schlosse näher; die Jäger schienen, wegen des außerordentlichen Glanzes ihrer Rüstungen, von sehr erhabenem Range zu seyn; ihre schimmernden Speere schickten wellenförmige Strahlen funkelnden Lichts durch das braune Laubwerk der Waldalleen, die Sonne erschien in wiederstrahlendem Glanze; und die sanften Lüfte des Südens schienen auf dem ruhigen Busen der Silbergewässer fast einzuschlummern!

Wütend von häufigen Wunden, und schnaubend vor Durst nach heißer Rache, wendete sich jetzt der Eber wider seine Verfolger, durchwühlte den mit Blut gefärbten Rasen, und schien ihren drohenden Schwertern zu trotzen, welche zu seinem Sturze bereit waren; als plötzlich das laute Jubeln und Geschrey der Jäger den Sieg über ihren wilden Gegner verkündigte.

Therese und Kunigunde eilten in das Zimmer des Grafen, um ihm von dem ungewöhnlichen Auftritte Nachricht zu geben, welchen sie mit angesehen hatten. Kaum hatten sie ihre Erzählung begonnen, so erschien ein Bedienter, bleich und zitternd, plötzlich vor ihnen. Auf einige Augenblicke fehlte ihm die Kraft der Sprache; und seine ersten Töne waren Töne des flehenden Elends.

„Helft! – rief der schreckenbetäubte Page; – helft, ich beschwöre Euch, einen tapfern, jungen Prinzen, welcher sich Eurer Burg nahet, verwundet, und vielleicht schon im Sterben! –"

Der Graf eilte, mit dem Drange, zu welchem Mitleiden jederzeit auffordert, dem Unglücklichen zu Hülfe; an dem äußeren Thore traf er den blutenden Fremden, in den Armen zweier Freunde, deren traurige Miene die Tugenden ihres erhabenen Gesellschafters verkündete. Er wurde augenblicklich in ein unteres Zimmer getragen, und, umringt von dem Gefolge seiner Begleiter, bleich, und nach allem Anscheine, leblos, auf das Lager gebracht.

Kummer schien in jedem Busen zu wühlen; die Fangzähne des wütenden Thieres hatten seinen Arm so zerfleischt, daß der übermäßige Verlust an Blute eine kurze Hemmung alles Gefühls verursacht hatte.

Die liebenswürdige und zärtliche Therese, welche wie ein weinender Engel über dem todten Körper eines zermarterten Heiligen dastand, und ihre schönen Augen gegen den Himmel in stummen Gebete erhoben hatte, zog von ihrer glatten Stirne einen Schleier von durchsichtigen Leinen; und ohne an die Gruppe zu denken, welche vor ihr stand, und ihre Schönheit bewunderte, band sie denselben über die Wunde des unglücklichen Fremden, bis ihr das Unschickliche einfiel, dessen sie sich schuldig gemacht hatte, indem sie ihr Gesicht den forschenden Augen so vieler Unbekannten zur Schau stellte, und sie in Thränen ausbrach, und sich an ein Fenster an dem äußersten Ende des Zimmers entfernte.

In diesem Augenblicke bemerkte ein Ritter, welcher neben dem Lager des Prinzen kniete, eine zuckende Bewegung an seiner Brust, als Anzeige des wiederkehrenden Lebens; und im Kampfe der Freude schlug er seine Hände zusammen, und wendete sich mit bittender Stimme gegen den Himmel.

„Göttliche Allmacht! – rief er, – wenn Tugend dir nicht gleichgültig ist, so rette von den Klauen des Todes ihren erhabenen Beschützer! Oh! Maximilian, mein Prinz, mein Freund, erwache aus diesem Träume der Vergessenheit, und gewähre nur einen kleinen Trost unserm Kummer!" –
Der Name Maximilian wirkte auf den Grafen Meinhard, wie ein elektrischer Schlag; er näherte sich mit einer Empfindung, in welcher Kampf und Erstaunen sich mischte; und indem die volle Thräne von seiner bejahrten Wange herabträufelte, rief er:

„Prinz Max! ist es möglich? hat der Himmel diesen Strahl von Sonnenlicht den Abendstunden meines vorübergehenden Lebens vergönnt! und mir eine glückliche Gelegenheit gewährt, dem geliebten Sohne meines verstorbenen Freundes zu helfen? Oh! mein Prinz! willkommen! dreimal willkommen in der Behausung deines Knechts, welcher in dir die Tugenden deines Vaters ehrt!" –

Dann kniete er neben dem Lager, auf welchem der Prinz noch immer unter dem kalten Drucke erschöpfter Natur lag; und fuhr fort, bald in lauten Aeußerungen, bald in sanftern Tönen, die Angst seiner Seele auf den verwundeten Busen seines erhabenen Gastes auszuschütten.

Ein mühsam errungener Athemzug erheiterte jetzt die angstvollen Gemüther der umstehenden Zuschauer. Man hielt daher für dienlich, den Prinz an jenes Ende des Zimmers zu bringen, wo eine Fensteröffnung einen freien Umlauf der Luft möglich machte. Der Schleier, welchen Therese über die Wunde gebunden hatte, und welcher hinlänglich groß war, um den Arm in mannigfaltigen Wendungen zu umfasse, hatte in der That den Fluß des Blutes gehemmt; die Zauberbinde war mit den ausgesuchtesten Wohlgerüchen so stark geschwängert, daß die wiederkehrenden Sinnen ihre belebende Thätigkeit wieder anfingen, und nach wenigen Minuten die Wonne einer völligen Herstellung fühlten.

Die Purpurquelle des Lebens hatte kaum ihre sanften Farben über sein bleichen Lippen verbreitet, als seine matten Augen in sprachlosen Entzücken auf Theresens Miene verweilten, deren Wange sein glühender und liebevoller Starrblick traf, wie die milde Rose von den brennenden Strahlen der Mittagssonne getroffen wird. Ueberwältigt von seiner Bewunderung, war sie im Begriffe wegzugehen, als der Prinz, voll Furcht, den Anblick eines so reizenden Gegendstands zu verlieren, mit schwacher Stimme, und mit den ausdrucksvollsten Gebehrden, sie bat, sie möchte verweilen.

„Schöne Dame! – rief er; – wenn Ihr wirklich zu den Sterblichen gehöret, – denn Eure äußere Gestalt zeigt die stärkste Aehnlichkeit mit einer Göttin, – so vergönnt mir auf einen Augenblick den Genuß des Elisiums, welches sich meiner Blicke darstellt; zuverlässig bin ich in einem Zauberschlosse, und Ihr seyd die schöne Gebieterin über diese himmelansteigende Wohnung! Wenn mein wiederkehrendes Bewußtseyn mich nicht täuschet, so erwache ich von den Schatten des Todes zum Genusse der höchsten Seligkeiten eines Erdenparadieses!" –

Dann erhob er sich auf seinem Lager, streckte seine zitternde Hand gegen den guten alten Grafen hin, und sagte:

„Ehrwürdiger Herr, ich bin ein Fremdling in Eurer wirthlichen Behausung; aber wenn der Himmel meinem Schicksale zulächeln sollte, so soll das Andenken an Eure Güte niemals verlöschen." –

Dann blickte er mit ängstlicher Sehnsucht herum, und erkundigte sich nach seinem Freunde, dem Fürsten Wolfgang von Isenburg.

Der Fürst war beschäftigt gewesen, Eilboten nach München abzufertigen, um die beste Hülfe zu erhalten; und mit Briefschreiben an die näheren Freunde des Prinzen, welchen er den schreckhaften Vorfall meldete, welcher sich ereignet hatte. Er trat in das Zimmer gleich in dem nächsten Augenblicke, da der Prinz nach ihm gefragt hatte; der Ton seiner Stimme brachte die Herzfibern des Fürsten in Schwingung, und gewährte ihm größere Wonne, als die seraphischen Saiten himmlischer Harfen den entzückten Ohren sterbender Heiligen! Seine Freude war unaussprechbar; sie war von jener Art, welche von keiner Feder beschrieben, und nur von wenigen Seelen verstanden werden kann.

Kunigunde war, während dieses Trauerauftritts, in liebenswürdiger Emsigkeit kindlicher Zärtlichkeit bei der Gräfin Adelheid gewesen, welche bei dem ersten Anblicke des verwundeten Prinzen in Ohnmacht gesunken, und in einem bedenklichen Zustande der heftigsten Unruhe auf ihr Zimmer gebracht worden war.

Zweiter Abschnitt.

Der Arzt, welcher jetzt aus München mit erstaunenswürdiger Eile angekommen war, wurde in das Zimmer gewiesen, wo der Prinz äußerst matt und erschöpft lag. Er untersuchte die Wunden; und zur herzinnigen Freude eines jeden Hörers that er nach wenigen Minuten den Ausspruch, sie zeigte sich nicht sehr gefährlich. Da die Mitternacht vorbei war, so empfahl er seinem Kranken Ruhe, und bat ernstlich, man möchte ihm erlauben, mit einem einzigen Hausbedienten die nächsten acht Stunden bei ihm zu wachen.

Etwas Mühe kostete es, den Grafen zu bereden, sich zu entfernen; doch, die unumgängliche Nothwendigkeit dieses Verfahrens besiegte endlich seinen Eifer; und nachdem er zärtlichen Abschied vom Prinzen genommen hatte, ging sein nächster Gedanke auf Beweise seiner Gastfreundschaft.

Die Gesellschaft versammelte sich jetzt in dem Saale, wo für eine Abendmahlzeit zu ihrer Erquickung gesorgt war. Die Gräfin Adelheid blieb, wegen Unpässlichkeit, auf ihrem Zimmer. Therese machte die Wirthin vom Hause; und die lebhafte Kunigunde beförderte, durch ihre unbefangene Herzensfröhlichkeit, die allgemeine Heiterkeit dieses Abends. Die Freude, welche wegen der glücklichen Aenderung in der Lage des Prinzen, durchgängig herrschte, verzögerte die Stunde der Trennung, bis die Morgendämmerung des Tags mit ihrem blauen Flore die benachbarten Hügel deckte. Jeder begab sich auf sein Zimmer; aber nicht ohne zuvor mit zärtlicher Aengstlichkeit sich erkundigt zu haben, wie der Prinz die Nacht verbracht habe?

Fürst Wolfgang von Isenburg, dessen stumme Bewunderung von jedem Anwesenden war bemerkt worden, nur nicht von Therese, deren Schönheit sie veranlasst hatte, suchte vergeblich nach Ruhe; der Eindruck, welchen ihre Gestalt und ihr Betragen auf sein Gemüth gemacht hatten, verbannte allen Einfluß des Schlafes. Die zärtliche Leidenschaft gleicht, wenn sie in festen und heftigen Naturen Wurzel gefasst hat, der Wuth eines Fiebers in dem stärkeren Körper; gefährlicher wird sie durch die Gewalt, welche ihr entgegen arbeitet; und stets von ihrem eigenen Feuer genährt, verzehret sie häufig den Gegenstand, welchen sie antrifft.

Nachdem er eine Stunde in rastloster Ueberlegung verbracht hatte, weckten ihn die heiteren Strahlen des Sonnenlichts, welches zwischen seinen Vorhängen hindurch drang, aus seinem Gedankentraume; fieberhaft und muthlos fuhr er von seinem Kissen auf; und ohne kaum zu wissen, wohin ihn sein Weg führte, ging er über den langen Gang, welcher sich gegen die Terrasse vor dem See öffnete. Die Sonne verbreitete ihren reinsten Glanz über den dankbaren Busen der feuchten Erde; – die wilden Enten, welche über dem flimmernden Wasser flatterten, und dessen glänzende Fläche mit ihren bunten Fittichen kehrten; – die sanfte Musik der Gebirgslüfte; – der hohle Schall stürzender Wasserfälle; – die entfernte Höhe, welche noch immer ihren blauen Gipfel unter den trennenden Wolken verbarg, die in gefiederten Lagen vor dem Hauche des Morgens hinschwommen; – die Heerden, welche längs den grünen Flächen an der Seite des Thals muthwillig hüpften; – die untermischten Töne eines Waldgesangs – alles dieses lieferte ein so außerordentlich erhabenes Gemälde, daß Fürst Wolfgang, bezaubert von Wonne, auf einen Augenblick selbst Theresens Reize vergaß.

„Allschöne Natur! – rief er aus, – wie ausgebreitet, wie reich ist dein Zauber! alles, was Harmonie der Seele befördert, oder die Sinnlichkeit befriedigt, zeigt sich in dieser Wonnevollen Einöde! Hier kann das Trauergeschöpf, der Mensch, eine Erndte himmlischer Glückseligkeit schauen und genießen! Warum sollte er sich dann von der dargebotenen Güte seines Schöpfers wegwenden! und nach leerer Verschwendung der zu seinem Nutzen bestimmten Wohlthaten, in den gewühlvollen Irrgängen des geschäftigen Lebens, und in den Schiefigkeiten der Höfe, Befriedigung suchen, welche seiner Ruhe nachtheilig sind; und Freuden, welche unvermeidlich zu Ueberdruß und Gewissenspein führen! Leider! wie oft sehen wir Jugendkraft in Unmäßigkeit verschwendet, mit alleiniger Zurücklassung des Elends der Reue, welche an ihrem hoffnungslosem Schlachtopfer naget! Der Geist, welcher einen gehörigen Grad von Bildung verabsäumte, da er Kräfte hatte, ihn zu erlangen, wird kein Hülfsmittel zur Füllung dieser Leere finden, wenn Schmerz, wenn Krankheit und Kummer das Elend des Alters vermehrt! Wie lästig muß das Leben werden, wenn die einzige Hoffnung einer Erlösung von den zernagenden Quaalen des Selbsttadels blos in der traurigen, aber willkommenen Aussicht auf ewige Vergessenheit besteht!

„Wenn ich jenes schwarze und finstere Gebirge sehe, welches seine kahle Stirne über den neblichten Luftkreis erhabt, das bestimmte Spiel jeder streitenden Elemente, – so denk' ich an den ehrsüchtigen Tirannen, welcher, emporgeschwungen über die ruhigen Pfade des Lebens, in elender Größe erhaben dasteht, umringt von Gefahren, und allen Stürmen und Wirbelwinden des ungestümen Lebens ausgesetzt; – unterdessen, daß der unvermessene Menschenfreund, welchem alle die beneidenswürdigen Vorzüge des Herzens zu Theile wurden, von Volksschmeycheley sich entfernt, und gleich dem niedrigen, aber fruchtbaren Thale, Segen um sich herum verbreitet; und gesichert gegen die Bedrängnisse der Größe, jenes üppige Vergnügen genießt, welches mit keinen Reichthümern erkauft wird! –„

Von solcher Art waren die Betrachtungen des Fürsten Wolfgang von Isenburg, als die Glocke auf dem Eckthurme ihn an die Stunde erinnerte, da die Familie wahrscheinlich sich versammelte. Mit langsamen und schwermüthigem Tritte schlenderte er die Terrasse hinan; und er in den Saal trat, begegnete ihm Therese und Kunigunde.

Der sittsame Schmuck bei ihrer eingezogenen Lebensart gab ihrer liebenswürdigen Gestalt neue Reize. Sie waren beide in einfachen Geschmack, und nett gekleidet. Therese trug ein Kleid, von weißem Taffet, mit einem kurzen Leibrock vom blassesten Grün; ihre braunen Locken endigten sich in üppige Haarflechten, welche mit Perlenschnüren untermischt waren, über welchen die Zauberhand der Bescheidenheit einen großen Schleier von weißem Nesseltuch gezogen hatte, welcher in Falten unter ihrem schlanken Leib herab hing. Kunigundens Kleidung war, der Art nach, genau die nämliche, nur die Farbe war anders, und zwar das hellste Lilach.

Sie bewillkommten den Fürsten mit einer Verbeugung ungekünstelter Höflichkeit, und erbaten sich seine Gegenwart beim Frühstücke.

Dritter Abschnitt.

Graf Meinhard, welcher von seinen edeln Gästen umringt war, empfing die liebenswürdigen Mädchen mit seinem gewöhnlichen Morgengruße, ließ sich von ihnen in die Mitte nehmen, und vereinigte sich mit ihnen in jener zuvorkommenden Aufmerksamkeit, welche den schönsten Beweis gibt, wie wenig der Glanz des Gepränges den ächten Aeußerungen anschaulicher Wohlthätigkeit gleich kommt.

Die Tafel war reichlich besetzt, ohne leere Verschwendung; Gesundheit erhöhte den Appetit, und Mäßigkeit herrschte bei dem Genusse der edeln Geschenke der Natur. Die herrlichsten Früchte gaben dem reinsten Produkte des Weinbergs eine neue Würze; unterdessen das heitere Lächeln und belebte Gespräche die Zufriedenheit eines jeden Anwesenden an den Tag legten. Am Ende der Mahlzeit unterhielt Therese die Gesellschaft mit ihrer Laute, und füllte durch die Melodie ihrer Stimme jedes Herz mit Entzücken; jeder Klang führte dem Ohre die süßesten Töne himmlischer Harmonie zu! Töne, welche die Seele rühren, unterdessen daß die mühsamen Spannungen kunstmäßiger Fertigkeit Erstaunen erregen, ohne Kraft, uns zu fesseln.

Drei Tage gleiteten in abwechselnden Unterhaltungen hinweg, als der Arzt seinen Kranken für hinlänglich hergestellt erklärte, um eine Reise auszuhalten. Eine bequem dazu eingerichtete Sänfte stand bereit, um ihn nach München abzuführen; und der Prinz, welcher vor Ungeduld brannte, sich gegen seinen Wirth erkenntlich zu zeigen, wurde in den großen Saal geführt, wo seine Begleiter schon in Bereitschaft standen, um ihm zu folgen.

Prinz Max hatte eben das ein und zwanzigste Jahr seines Alters erreicht; sein Aeußeres war anmuthsvoll und majestätisch; seine Gesichtszüge männlich, regelmäßig und ruhig; sein Blick war ernsthaft, aber ohne die geringste Spur von Murrsinn. Seine Augen, welche von Empfindung strahlten, waren mit einem Bogen des schwärzesten Haars überwölbt: und von seinem Haupte fielen die gefälligsten Locken auf seine schönen Schultern herab. Er trug eine Jagdkleidung, von Scharlach, schwarz besetzt; ein glänzender Stern auf seinem Mantel unterschied ihn von seinen Begleitern; sein Hut war von schwarzem Sammet, mit einem Federbusche von der schönsten Art und reinsten Weiße geschmückt.

Er näherte sich dem würdigen Grafen mit warmer Zuneigung und gefühlvoller Achtung. Ein erheiterter Geist findet, nächst der Freude über eigene Glückseligkeit, seine höchste Wonne in dem Vergnügen, sie auch über andre zu verbreiten. Der Graf umarmte ihn mit der Zärtlichkeit eines Vaters. Der Prinz glich einer Gottheit; etwas übermenschliches verbreitete ein Leben über sein Gesicht! Er faßte die Hand des Grafen, und drückte sie an seinen Busen; diese unwillkührliche Bewegung sprach kräftiger für die Empfindung, als alle Beredtheit des gesuchtesten Vortrags! Tugend erscheint niemals vortheilhafter, als wenn sie sich mit der würdigen Aeußerung der Dankbarkeit beschäftigt! –

Nach einer Stille von wenigen Augenblicken sagte der Prinz:

„Ich kann nicht scheiden, ohne dieser edeln Familie mein schuldigstes Opfer gebracht zu haben." –

Dann wendete er sich gegen Therese, und fuhr fort:

„Euch, schöne Dame, verdanke ich meine Genesung; – Euerm Zauberschleier, welchen ich als die geweihten Reste tugendhafter Menschheit heilig zu halten schwöre, bin ich das schuldig, was ich jetzt fühle. Ich will ihn als meinen stolzsten Schatz bewahren; und wenn ich jemals seine schöne Eigenthümerin vergesse, so müsse das Elend der Verachtung der Lohn meiner Undankbarkeit seyn!" –

Nach einer ehrerbietigen Verneigung gegen die Gräfin Adelheid und Kunigunde, meldete er seinen Begleitern, er sey zur Abreise fertig.

Erwiederungen gegenseitiger Höflichkeit beschäftigten die Gesellschaft auf ihrem Wege durch die alten Gemächer der Burg, bis sie an das äußere Thor kamen, wo sie schieden; und das Gefolge des Prinzen zog langsam an dem Forste hin.

Therese, deren sanfter Busen zum erstenmale den Schmerz der Trennung von einem geliebten Gegenstande fühlte, begab sich, unbemerkt von der übrigen Familie, auf ihr Zimmer, öffnete das Fenstergitter mit thränendem Auge und klopfendem Herzen, und folgte dem Reiterzuge, bis die Gegenstände unkenntlicher wurden, und endlich bis auf einen Haufen bewegter Stäubchen abnahmen, die man kaum bemerken konnte, ausgenommen wenn der Spiegel ihrer hellen Rüstung die Strahlen der Abendsonne auffing, und einen blendenden Glanz vorübergehenden Schimmers zurückwarf. Therese blieb an dem Fenster, bis die Schatten der Nacht die hingestreckte Landschaft verhüllten; der letzte Ton der Stimme des Prinzen bebte noch immer in ihrem Gehirne, als die Abendglocke sie zum Nachtmahle herbei rief.

Kunigunde, deren Lebhaftigkeit gegen jeden Herzenssturm Stand hielt, neckte ihre Freundin wegen des feierlichen Ernstes in ihrem Betragen. Der

Graf, welcher das menschliche Gemüth kannte, und den Leidenschaften auf allein ihren verwickelten Irrgängen nachgespürt hatte, bemerkte mit stillem Theilnehmen den Perlentropfen des Kummers, welcher über dem gesenkten Auge hing, dessen Einfassung von dem Thaue sanfter Empfndsamkeit genetzt war; er fühlte, daß die veredelte Seele vor dem elenden Gaffen spähender Neugierde zurückbebt; zitterhaft hütete er sich, sie zu beleidigen; er fürchtete sich vor der Gewißheit; – er schwieg.

Therese stand von der Tafel auf; sie begegnete Kunigundens Augen, und lächelte; es war mehr Lächeln des Selbsttadels, als des ungetrübten Gemüths. Der Graf, welcher ihre Verlegenheit bemerkte, begab sich zur Ruhe. Therese, welche sich aus ihrer mislichen Lage befreit sah, ging auf ihr Zimmer. Eine unwillkührliche Empfindung führte sie an das Fenstergitter; sie öfnete dasselbe; und da sie sich besann, daß die süße Stunde der sanften Dämmerung längst vorüber war, so erröthete sie über ihre Thorheit, und fing an, ihre Tagskleidung abzulegen. Sie hüllte ihre schöne Gestalt in ein Gewand von Mussellin, band ein gesticktes Taschentuch um ihr Haupt, nahm ihre Laute, und begann eine schwermüthige Arie, welche den Worten ihres Lieblings, Petrarch, untergelegt war.

Sie näherte sich dem Fenster. Der Mond hatte sich eben über die Bäume des Forsts erhoben, deren wankende Gipfel er mit Silberglanz färbte; die Nachtigal hallte harmonische Wirbelgesänge den Tönen ihrer Laute entgegen. Das Fenster öffnete sich gegen einen langen Erker, von welchem man den vorderen Wall am Eingange übersah. – Alles war heiter; die durchsichtigen Wolken schwebten auf den Fittigen stiller Winde in dem ungeheuren Luftmeere. Die zitternden Blätter, welche ihre Schatten auf die Oefnungen zwischen den Bäumen zurück warfen, mahlten dem denkenden Auge der trauernden Schöne tausend schwärmerische Gestalten und luftige Erscheinungen. Ihre Finger vergaßen ihr Geschäft; und ihre kalte Hand rastete in matter Unthätigkeit auf den wartenden Saiten ihrer Laute. Die Glocke verkündigte die Zauberstunde der Mitternacht; der feierliche Schall wiegte sie in ehrfurchtsvolle Stille – als sie mit einemmale deutlich eine Art von Rasseln zwischen den Bäumen hörte; und in dem nämlichen Augenblicke bemerkte sie die Gestalt einer Mannsperson, in einen weißen Mantel gehüllt, dessen Vorderseite mit glänzenden Klappen geschmückt war; sein Schritt war schnell, aber bisweilen zögernd. Therese war vor Erstaunen und Furcht fast erstarrt, als der Fremde so nahe heran trat, als die Lage erlaubte, und im leidenschaftlichem Tone so sie anredete:

„Wenn du kein Schattenbild bist, welches meine von Liebe befeuerte Einbildung aufstellt, um meine Augen mit Theresens Aehnlichkeit zu täuschen, – oh! so rühre von neuem die Saiten himmlischer Harmonie, und beruhige durch ihren sanften Zauber ein zerrissenes und verzweifelndes Herz!" –

Erschrocken über diese außerordentliche und unerwartete Begrüßung, eilte Therese vom Erker weg, ohne einige Antwort zurück zu geben. Sie verbrachte die Nacht in schwermüthigen Gedanken; die Einbildung zeigte ihrem Blicke alle Vollkommenheiten des jungen Prinzen; sie machte sich Vorwürfe, daß sie seine leidenschaftliche Anrede nicht erwiedert hatte; und öffnete häufig das Fenstergitter, in der Hoffnung, daß er noch immer unten an der Mauer der Burg stehen werde. Als endlich jedes Auge erwachte, um den Morgen zu grüßen, schloß sie das ihrige, matt und müde, in kurz anhaltenden Schlummer. Selbst im Traume beunruhigte sie das Bild des Prinzen; sie glaubte von ihm mit dem Gemälde eines Frauenzimmers, welche ein blutendes Herz in der Hand hielt, beschenkt zu werden. Sie fand eine starke Aehnlichkeit zwischen den Zügen des Gemähldes, und den ihrigen; sie stand im Begriffe, es anzunehmen, als die Farben plötzlich schwanden, und Todesblässe den Blick überzog! Sie erwachte in der heftigsten Unruhe.

Nach wenigen Minuten kam Kunigunde lachend in ihr Zimmer; und da sie ihre Freundin schon so früh völlig angezogen fand, so that sie tausend Fragen wegen der Ursache eines so ungewöhnlichen Umstands.

Unter dem Vorwande einer kleinen Unpäßlichkeit, bat Therese um Erlaubniß, bis zur Mittagsmahlzeit allein bleiben zu dürfen. Die Gräfin Adelheid suchte, durch alle Arten von zuvorkommender Aufmerksamkeit, sie zu zerstreuen und zu beruhigen. Die ihr erzeigte Güte diente blos zur Verstärkung ihrer Schwermuth. Einsamkeit ist die beste Arznei für das bekümmerte Herz, der süßen Wonne des Kummers sich zu überlassen, ist das besondere Vorrecht einer aufgeklärten Seele; sie nährt sich von ihrer Betrübniß, und meidet mit schüchterner Vorsicht, das höhnende Auge des allgemeinen Mitleids.

Es ist etwas demüthigendes in der Stimme des Mitleids, was das stolze Gemüth nicht ertragen kann. Therese fürchtete die Entdeckung ihrer Schwäche, weil sie wußte, daß sie sich der Verachtung und dem Gelächter aussetzen würde. Eine ungereimte und kindische Leidenschaft hegen, die

Einbildung mit den täuschenden Reizen schmeichelnder Hoffnungen näh-
ren, wo nicht eine einzige Aussicht auf glücklichen Erfolg sich ihrem lei-
denschaftlosen Nachdenken zeigte, konnte nichts anders als Schaam und
Kränkung hervorbringen! So lehrte die Vernunft; und nun mag der ernst-
hafteste Philosoph sein eigenes Herz fragen, wie weit eine solche Theorie
mit den Aussprächen der Natur übereinstimmt!

Sie entschloß sich, das unglückliche Geheimniß in den verborgenen
Winkeln ihres Herzens niederzulegen, und den Ausgang in stolzer Stille zu
erwarten.

Verschiedene Tage vergingen in peinlicher Aengstlichkeit; die Unruhe
ihres Gemüths verwandelte sich allmählig in kalte Niedergeschlagenheit;
selten nahm sie an den Tischgesprächen Antheil, und am Ende jeder Mahlzeit begab sie sich auf ihr Zimmer.

Vierter Abschnitt.

Die Gräfin Adelheid und Kunigunde, deren Zärtlichkeit an jeder Veränderung in Theresens Gemüthszustande Theil nahm, bemerkten mit un-
endlichem Mitleiden die sichtbare Unruhe, unter welcher sie kämpfte. Die
gewöhnlichen Beschäftigungen mit Musik und Lesen schienen ihr jetzt
Widerwillen zu erregen. Die ländlichen Feste auf den benachbarten Dörfern, der muntre Tanz, die scherzhaften Sprünge, bei welchen sie sonst mit
den lebhaftesten Tänzern in dem Gedränge sich zu vereinigen pflegte,
gefielen ihr nicht länger! – Ihr Auge verabscheute die nämlichen Auftritte,
an welchen es sich ehmals mit Wonne geweidet hatte; sie war tiefsinnig und
traurig; aber ihre Traurigkeit gab ihrem Blicke etwas so unwiderstehlich
sanftes, daß er weit anziehender wurde, als er bei der liebenswürdigsten
Röthe des Entzückens hätte seyn können. Häufig wandelte sie im Forste
umher, wie eine Blödsinnige; sammelte Feldblumen; und wand sie in tausend abwechselnde Gestalten; bald sung sie, bald weinte sie, ohne sich um
diejenigen zu bekümmern, welche sie beobachteten.

Nachdem die Gräfin Adelheid alle Mittel zu ihrer Aufheiterung vergeblich erschöpft hatte, so that sie den Vorschlag zu kleinen Morgenspazier-
gängen nach den zerstreuten Hütten in dem Forste von Uttenheim. Sie
verließ die Burg; und nachdem sie eine Zeitlang herumgewandert waren,
verweilten sie bei der kleinen, aber netten Wohnung einer alten Frau, welche seit mehreren Jahren von der Familie unterhalten wurde. Die Gäste

74

wurden mit dem unverstellten Lächeln dankbarer Freude bewillkommt; die ehrwürdige Bertha führte sie duch jedes Zimmer ihrer gemächlichen Wohnung, setzte ihnen dann vor, was ihre kleine Haushaltung vermochte, unterdessen daß ihr Herz sie mit warmen Segnungen bewillkommte.

Therese machte die Bemerkung, da die Witterung so merkwürdig schön sey, so würde die ländliche Mahlzeit doppelt erquickend seyn, wenn sie in freier Luft genossen würde; sie that den Vorschlag, man sollte den Tisch vor eine Rasenbank, unter einer großen Eiche, der Hüttenthüre gegenüber, stellen. Sie näherte sich dem ländlichen Sitze, als ihre Augen von ihren Namenszügen gefesselt wurden, welche ganz frisch in die Rinde eingeschnitten waren; sie gerieth in die größte Bestürzung und Furcht, es möchten ihre Gesellschafterinnen die Ursache ihres Erröthens entdecken. Dem Liebenden wird jeder kleine Umstand, jeder Beweis von Erinnerung, wichtig; er wird für ihn eine Quelle geheimer Wonne, welche ihren Werth verliert, wenn sie der gewöhnlichen Theilnehmung Preis gegeben wird.

Sie setzten sich auf den grünen Rasen, unter das ausgebreitete Gewölbe durchflochtener Aeste. Zur Unterhaltung ihrer Gäste, begann die Alte eine Erzählung ihrer eigenen Unglücksfälle.

„Es ist jetzt über vierzig Jahre, – sagte sie: – seitdem ich zum erstenmale in diesen Forst kam. Mein guter Mann, – der Himmel gebe seiner Seele Ruhe! – war Verwalter bei dem verstorbenen Besitzer dieser Burg; er scharrte ein kleines Vermögen zusammen, welches mich und meinen armen Sohn zu unterstützen bestimmt war. Wir waren so glücklich, als wir seyn konnten; die Lerche weckte uns zu redlicher Arbeit, und unsre Nächte waren mit ungestörter Ruhe gesegnet. Aber die Freuden dieser Welt sind vergänglich; mein guter Mann starb, und ich hatte nichts zu meinem Troste übrig, als meinen Sohn. – „

„Hoffentlich ist er noch am Leben, um Euch zu trösten? – „ sagte Therese.

„Nur der Himmel weis es; – erwiederte Bertha; – der Knabe war von heftiger und rastloser Gemüthsart; ich konnte ihn niemals bereden, seinem Vater auf dem Felde, oder in dem Weinberge zu helfen. Es sind jetzt vierzehn Jahre, seitdem er mich verließ, und ich habe niemals gehört, was aus ihm geworden ist. – „

„Leider! – sagte Therese; – hab ich niemals eine Mutter gekannt; aber ich bin überzeugt, mein Herz hätte in Stücke zerrissen werden müssen, ehe ich einen ihm so theuern Gegenstand hätte verlassen können. Fast könnte ich die Gerechtigkeit der Vorsehung tadeln, die mir das raubt, was ich höher als mein Leben geschätzt haben würde; da hingegen ein Unglücklicher, wie der Sohn dieser armen Frau, einen Segen besaß, welchen er nicht zu benutzen wußte. – „

Die Mittagsstunde rückte heran; und sie schickten sich zum Rückwege nach der Burg. Die alte Bertha begleitete sie ein Stück Wegs; und Therese wendete sich öfters, mit schlauem Blicke, gegen den Baum, welcher das geheimnißvolle Zeugniß der Erinnerung enthielt. – Die Einbildung flüsterte ihr zu, der Prinz sey dessen Urheber; und die Hoffnung vereinigte sich zu Begünstigung der schmeichelhaften Täuschung. – Einmal kam sie auf den Gedanken, zurück zu gehen, um ihre Neugierde zu befriedigen; aber Klugheit zeigte ihr die Unschicklichkeit eines solchen Schritts, und sie gab ihren Warnungen Gehör. Die Abenderholung endigte sich mit Musik. Therese sung verschiedene kleine Balladen, mit einer ungewöhnlichen Lebhaftigkeit. Jeder Blick erheiterte sich bei diesem Wechsel in ihrer Gemüthsstimmung.

Mehrere Tage vergingen über ländlichen Spaziergängen; bisweilen wurde der Nachmittag mit Angeln unter den zurück gelehnten Bäumen am Ufer des Sees verbracht; bisweilen beschäftigten sich die wandernden Schönen mit Flechten von Blumenkränzen, um die Thüren der benachbarten Hütten zu schmücken, deren jede sie nach einer Burg, oder nach einem Palast nannten, welcher ihnen aus der Romanenwelt bekannt war. Therese suchte durch diese unschuldigen Beschäftigungen vergebens ihre Gedanken von der Erinnerung an den Prinzen abzuziehen; aber sein Bild war ihrer verstörten Phantasie stets gegenwärtig; sein Name wurde häufig, unter unwillkührlichen Seufzern, bestimmt ausgesprochen; und ihre schlaflosen Nächte wurden mit verwirrenden Betrachtungen verbracht.

Drei Wochen waren seit des Prinzen Abreise verflossen, als sie in ihrem Zimmer, wohin sie sich zur gewöhnlichen Stunde begeben hatte, den Klang einer Zitter unterm ihrem Fenster zu hören glaubte; sie horchte mit der größten Aufmerksamkeit, aber der Ton war verschwunden. Sie öffnete das Fenstergitter; aber wie verschieden war der Auftritt von jenem, welcher sich ihr bei einer früheren Gelegenheit gezeigt hatte! alles war schwarz und dunkel; die Luft kalt und unruhig; nicht ein einziger schimmernder Stern warf seine schwachen Strahlen durch die dicken Wolken, welche über den Forst schwebten; – die Eule verwundete, aus ihrer einsamen Wohnung, durch ihr fürchterliches Geschrey das Ohr des nächtlichen Hörers; – die Winde heulten längs den Mauern, und rings herum klirrten die langen Fenster der Burg. – Therese stand erschrocken; der Wind wehte das Gitter zusammen, und sie blieb auf dem Erker, außer Stand, ihn zu öffnen. Das Geräusch diente dem Unbekannten unten zum Zeichen.

„Schöne Therese! – rief er; – wiederum wagt es dein Sklave, dich zu stören; wohnt Mitleid in deinem reinen Busen, so höre die Stimme meiner Verzweiflung; nimm das Gelübd dessen, der dich anbetet; nimm das Herz deines Maxens. – Mit Anbruch des Tages will ich in Bertha's Hütte auf die Genehmigung der Gelübde ewiger Beständigkeit warten; weigerst du dich, meine Wünsche zu erfüllen, so sollen dich die Klagtöne meines Jammers nie wieder beunruhigen." –

Therese konnte ihren bebenden Körper kaum aufrecht erhalten; der dunkle Schleier der Nacht verbarg ihr Erröthen; und mit schüchterner, stotternder Stimme erwiederte sie:

„Liebenswürdiger Prinz, sie, der das glückliche Schicksal Euer edles Herz zu besitzen, vielleicht bestimmt ist, darf den Triumph ihres Sieges durch keine Handlung kindischer Unbesonnenheit schänden; rechnet auf meine Hochachtung; aber bedenket, daß diejenige, welche an ihrer eigenen Achtung verliert, niemals eines Maxens würdig seyn kann." –

„Und könntest du, Therese, – erwiederte er! – könntest du über ein E-lend dich freuen, welches du veranlaßt hast! – Es sey! dies ist die letzte Aeußerung meiner Zärtlichkeit; und wenn das das Ende meiner Leiden dich von Verfolgung befreiet hat, welche dir zuwider sind, so hoffe ich, wird keine Rückerinnerung dir jemals den Kummer deines Schlachtopfers vorwerfen!" –

Er schied. Sie verfolgte seine Gestalt längs dem Gange, mit Hülfe des schwachen Schimmers des aufgehenden Mondes, bis sie sich in das tiefe Dunkel der Laubgewölbe verloren hatte. Traurig und trostlos kehrte sie zu ihrem Zimmer zurück.

Fünfter Abschnitt.

Das Gezwitscher der Vögel verkündete den kommenden Tag! Beruhigt durch das Zuflüstern betrüglicher Hoffnung, entschloß sich Therese, der Aufforderung zu gehorchen; leise schlich sie aus ihrem Zimmer, und gieng über eine heimliche Treppe in den Hofraum herunter. Die Thore waren bereits geöfnet, um die Landleute herein zu lassen, welche täglich ihr Morgenbrod von der Güte des Grafen erhielten. Sie ging, ohne bemerkt zu werden, wanderte durch den Forst, ohne fast zu wissen, wohin sie gehen wollte, bis sie an den wohlbekannten Baum kam, Bertha's Hütte gegenüber.

Hoch schlug ihr das Herz vor Furcht und Hoffnung; sie zögerte, sie horchte; zitternd näherte sie sich jetzt der Thüre, und verweilte einige Minuten unter ihrem Laubdache von Wein und Mirthen. Die tiefe Stille im Innern des Hauses befeuerte sie mit einem augenblicklichen Muthe; sie trat herein. Auf einer Bank in der Ecke des Zimmers lag ein weißer Mantel; sie erkannte sogleich die silbernen Klappen; sie nahm ihn auf, wollte ihn eben an ihre Lippen drücken; als der Ton von jemandem, der sich näherte, sie zurückschreckte, daß sie ihn auf die Diele fallen lies. Ihre bebenden Glieder trugen sie nur noch bis an die Thüre; sie sunk auf den grünen Rasen vor der Schwelle, und fiel in Ohnmacht. Kurz war diese Zwischenzeit ertödteter Empfindung; nach wenigen Augenblicken erholte sie sich, und fand sich von der bejahrten Bertha unterstützt, und knieend erblickte sie vor sich – Fürst Wolfgang von Isenburg.

Wuth, Unwillen, Schaam und innere Vorwürfe, hinderten sie eine Zeitlang am Aufstehen, bis der durch den Geist beleidigter Tugend erweckte Stolz sie mit Rachgefühlen waffnete; sie sammelte ihr zerstreutes Bewußtseyn, riß sich von diesem demüthigenden Auftritte hinweg, warf ihm einen Blick unnennbarer Verachtung zu, und flog mit Blitzeseile nach der Burg.

Der Fürst folgte ihr, hemmte ihre Flucht, und rief:

„Verlaßt mich nicht, schöne Therese! der Betrug, welcher Euch hieher lockte, war das Werk meiner Verzweiflung; ich bemerkte Eurer Auge, wie es mit sehnendem Starrblicke die Schritte des Prinzen verfolgte. Glücklicher, beneidenswerther Prinz! wäre nicht dein Herz einer andern geweiht, so könnte die schöne Therese gerechten Anspruch darauf machen. Was mich betrifft, – setzte er mit einem Tone des stolzsten Uebermuths hinzu, – so könnt Ihr versichert seyn, daß ich keinen unschicklichen Gebrauch von dem Abentheuer des heutigen Morgens machen werde; und wenn Eure Einbildung von ihrem luftigen Traume künftiger Größe zurück komme, dann erinnert Euch, daß ein Mann lebt, welcher sich Euerm Dienste widmet." –

Das bittere Lächeln, welches diesen letzten Vorwurf begleitete, öffnete ihr die Augen über den Fehler, dessen sie sich schuldig gemacht hatte; das Unschickliche in ihrem Benehmen, – die Folgen einer zu unbesonnenen

Leichtgläubigkeit, welche sie der List eines verworfenen Wüstlings ausgesetzt hatte, und die unglückliche Nachricht, daß der Prinz einer andern ergeben sey, – erschien ihr als eine solche Mischung von Kränkungen, daß sie sprachlos und selbstverurtheilt vor dem Fürsten stand.

„Ich bemerke Euer Schweigen, reizende Therese! – sagte er, indem er sie mit ungezwungener Vertraulichkeit bei der Hand faßte; – diese sanfte Röthe verspricht mir Ernte für mein künftiges Glück; – Ihr sollt mich nicht verlassen; beim Himmel! ich will nicht von Euch scheiden; mein Wagen wartet nur wenige Schritte von der Hütte; die Liebe wird ihre Fakel zünden, und uns zu Glückseligkeit führen." –

Die Gefahr ihrer Lage weckte ihr Rachgefühl.

„Lächeln kann ich bei der Kühnheit Eures Antrags, – rief sie; – denn ich fühle ein Bewußtseyn, daß der verwegenste Frevler vor dem Auge tugendhaften Unwillens zurück bebt; stolz auf die Redlichkeit meiner Seele, kann ich selbst Eurer Bosheit trotzen; die Niederträchtigkeit Euers Betragens fällt auf Euch selber zurück; ich erhebe mich über allen Tadel." –

„In der That beklage ich außerordentlich, – erwiederte der Fürst, daß Eure Eitelkeit eine so harte Kränkung erfahren hat; Prinz Max würde wahrscheinlich glücklicher mit seinem Ansuchen gewesen seyn!" –

„Der Prinz würde es unter seiner Würde gehalten haben, den Namen eines andern zu heuchlerischer Absicht zu brauchen; – auch wird er es seinem Freunde nicht Dank wissen, daß er sich dessen bei einer so unrühmlichen Gelegenheit bedient hat." –

„Beruhiget Euch, artige Therese; sagte der Fürst, welcher sie noch immer bei der Hand hielt, – „Ihr habt keinen Begriff davon, wie viel einnehmender Schönheit sich zeigt, wenn sie in Lächeln sich kleidet, als wenn sie von dem Gewölke übler Laune umzogen ist; weg, weg mit diesen Gebehrden erniedrigender Niedergeschlagenheit, und gebietet über Euern Verehrer, welcher sein Leben zu opfern bereit ist, um Euch Freude zu machen." –

„Verlaßt mich! – rief Therese, zitternd und unruhig; – „ich beschwöre euch, verlaßt mich! – Oh! Meinhard! mein Helfer! mein Beschützer! wo bist du? warum leitet dich kein Mitgefühl, deiner elenden, deiner geschmähten Therese zu helfen?" –

„Liebevolles romantisches Mädchen! – sprach der Fürst, lächelnd, mit einer Miene trotzender Sicherheit – „Eure Wuth ist vergeblich; – Graf Meinhard kann Euch nicht hören; - oder, wenn er es könnte, was würde er seiner liebenswürdigen Klientin sagen, da sie sich von ihrer Leichtgläubigkeit hat verleiten lassen, – allein, und zu einer solche Stunde, einem Fremden grade in die Arme zu laufen?" –

„Mein unschuldiges Herz – erwiederte Therese, – würde meiner Zunge Sprache geben, und wider Eure Verleumdung das Wort führen." –

„Eure Unschuld würde wenige Führsprecher finden; – entgegnete der Fürst, – wenn ich für dienlich fände, Eure Unklugheit zu schildern." –

Therese konnte diesen unmännlichen Vorwurf nicht ertragen; – Unwillen rüstete sie mit Kraft; sie riß sich von ihm, und mit festem und steten Schritte ging sie nach der Burg zu.

Ungewöhnliche Wonne fühlte sie beim Eintritt in das Thor, welches sich geöffnet zu haben schien, um die Bedrängte aufzunehmen. Gleich dem Seefahrer, welcher den wütenden Wellen entkam, und nun mit sprachlosem Staunen gegen das schäumende Meer hinstarrt, – blickte sie, mit Grausen und Unlust, auf die Klippe zurück, welche sie noch glücklich vermieden hatte.

Die Betrachtungen, welche sie jetzt anstellte, waren sowohl natürlich als nützlich; im Umgange mit Unschuld und Ehre erzogen, war sie von ihrer eigenen Lauterkeit berückt worden. Sie bewirkte jetzt den sehr wichtigen Unterschied zwischen Seyn, und zwischen Scheinen; oft gibt sich der Frevler das scheinbarste Ansehen; und das Herz, in welchem Redlichkeit den unentweihten Zepter führt, ist selten schlau genug, sich gegen jene Falschheit zu schützen, welche ihm unbekannt ist.

Nichts ist so schwer zu sichern, als weibliche Ehre; da sie selten ist, so erweckt sie allgemeine Misgunst; ihre Besitzer werden oft, aus Stolz über ihren Schatz, ihre Verläumder, blos weil sie die Anmaßung einer Mitbewerberin nicht vertragen können, unterdessen daß sie, mit übermüthiger Hoheit, alle Laster ausüben, welche die Seele beflecken können! Wie lächerlich ist ein Frauenzimmer, welche sich einbildet, daß ein einziger Vorzug, welcher keinem lebendigen Geschöpfe außer ihr zu Gute kommt, hinreichen könne, um den völligen Mangel an aller geselligen Tugend das Gegengewicht zu halten! – Gering ist der Triumph der Keuschheit, welche niemals von dem schlauen Verführer bestürmt wurde. Lapplands Schnee behält seine Weiße und Härte, so lang als er den zerstörenden Blicken der Sonnenscheibe entgeht. Das weibliche Herz hat wenig Recht, über seine Entschlossenheit zu jauchzen, bis es dem Zauber der Wohllust, der Stimme tückischer Schmeicheley, und den unglücklichen Lockungen schädlicher Beispiele widerstanden hat. Kein Frauenzimmer kann sagen: so weit will ich gehen, und nicht weiter; denn Keuschheit gleicht, wenn sie dem Hauche der Verleumdung ausgesetzt ist, dem Wachsbilde in den Strahlen der Mittagssonne; allmählig verliert sie ihre feinsten Züge, bis sie endlich eine geschmaklose Masse untauglicher Häßlichkeit wird.

Sechster Abschnitt.

Theresens Gemüth war von tausendfacher Furcht beunruhigt; sie zitterte bei dem Gedanken, daß die Geschichte bekannt werden könnte; und gleichwol wollte ihr verwundeter Stolz ihr kaum erlauben, sie geheim zu halten. Die Vorstellung, daß sie in der Gewalt eines solchen Mannes sey, – die Unbehutsamkeit, wo nicht Schande, welche man ihr vorwerfen könnte, da sie sich so weit, und so unvorsichtig an den Abgrund des Verderbens gewagt hatte, – die Verachtung, welche sie sich unvermeidlich bei dem Prinzen zuziehen müsse, und der Gedanke, daß sie sich eine so unwürdige Täuschung gegen ihre angebetete Gräfin Adelheid erlaubt habe, – nagte so sehr an ihrem Innern, daß ihr zarter Körper der Beängstigung unterlag, welche nach wenigen Stunden ein bedenkliches Fieber mit Irrereden zum Vorscheine brachte.

Graf Meinhard sorgte augenblicklich für die beste medicinische Berathung; der Erfolg derselben war das entscheidende Gutachten, sie sey in der äußersten Gefahr. Die Gräfin und deren Tochter hingen mit zärtlicher Rührung über dem Kissen der Kranken; der Graf war vor Kummer fast unsinnig; die Hausbedienten senkten das Haupt in düsterer Stille, und alles hatte das Ansehen der unverstellten Betrübniß.

Mehrere Tage verstrichen langsame in fürchterlicher Ungewissheit! Therese bekam endlich ihr Bewußtseyn wieder; aber die Ruhe ihres Gemüths war auf immer entflohen! sie blühte nicht länger, die Rose von Uttenheim! – die bleiche Lilie hatte sich über ihre Wange verbreitet, und der Wurm verborgenen Grams zehrte aus der Purpurquelle ihres Herzens; die kalte Hand der starren Schwermuth hemmte den Strom des Lebens, aus welchem sie Nahrung schöpfte, unterdessen daß ihre schönen Augen einen blassen Schimmer von sich warfen, gleich den verlöschenden Lampen, welche in dem Gewölbe einer Todengruft glimmen.

Der Arzt kehrte nach München zurück; aber Theresens Ruhe kehrte nicht wieder zurück! Ihre Laute war jetzt ihr einziger Trost, und ihre Töne waren die Beruhigung ihres trauernden Herzens; sie blickte auf die Schönheiten der Natur mit einem von Fühllosigkeit getödtetem Auge. Die Stimme der Fröhlichkeit war ihrem Ohre unwillkommen; und jeder ihrer Sinne schien von dem tödtlichen Zauber einer festen Schwermuth gefesselt zu seyn; die Strahlen der Morgensonne weckten in ihrer Seele kein Leben; und beim Schlusse des Tags fand sie ihr Kissen mit Dornen besteckt.

Prinz Max erholte sich bald von der Schwäche, welche durch Mangel an freier Bewegung verursacht worden. Oft überdachte er Theresens Reize mit einem Grade von Wonne, welcher für Liebe nicht feurig genug, und gleichwol für platonische Anhänglichkeit zu lebhaft war; er hatte mehr heldenmäßige Tapferkeit, als zarte Gefühle. Ritterruhm war seine herrschende Leidenschaft; er hatte sich bereits bei öffentlichen Proben der Kühnheit ausgezeichnet, und der Richterspruch des Ruhms krönte seine Stirne mit unvermindertem Glanze.

Fürst Wolfgang war zum Krieger erzogen, und war seit den Tagen seiner Kindheit, für ein Wunder von Unerschrockenheit gehalten worden. – Er hatte den Lenz seines Lebens in Befriedigung jeder Leidenschaft verbracht, deren das menschliche Herz empfänglich ist; er war edelmüthig und gebildet, aber von herrschsüchtiger und wilder Gemüthsart. Sein Aeußeres war nicht misfällig, und sein ganzer Blick für die verdeckten Spiel der Heucheley außerordentlich anpassend. Die Begeisterung, welche der Prinz für Wolfgangs auszeichnende Tapferkeit fühlte, macht ihn blind gegen die auffallenden Hässlichkeiten seiner Seele; seine Familie war von hohem Range in Deutschland; sein Vermögen war unermesslich; seine Verbindungen von Bedeutung; er besaß alle Mittel, seine unwürdigen Neigungen zu befriedigen.

Theresens sanftes Betragen, die Einsamkeit, in welcher sie erzogen worden, – das so sorgfältig beobachtete Geheimniß in Ansehung ihrer

Geburt, und ihr scheinbarer Zustand von Abhängigkeit, – alles dieses vereinigte sich, um sie zu einem schicklichen Gegenstande seiner Verfolgungen zu machen.

Von dem ersten Augenblicke, da er sie sah, wurde sein Herz von der einnehmenden Anmuth ihrer Person und ihres Betragens gefesselt; die natürliche Wildheit seines Wesens schmiegte sich vor den unwiderstehlichen Reizen der Tugend und des Wohlwollens. Eine ungewöhnliche Empfindung erhabener Wonne durchdrung seine Seele; und die liebenswürdige Aengstlichkeit, welches sie wegen Maxens Schicksal äußerte, diente blos zur Vermehrung der dadurch geweckten Bewunderung.

Liebe hat jene süße, jene unnennbare Kraft, daß sie den Wilden besänftigt, den Wankelmüthigen entschlossen macht; sie erniedrigt den Stolzen, und erhebt den Schüchternen; den Wüstling bringt sie zum ehrerbietigen Staunen; und der Mann von Gefühl erhöht die Würde seines Wesens durch Befolgung ihrer Vorschriften. Die Zärtlichkeit des verfeinerten Mitgefühls, – das entzückende Vergnügen, Glückseligkeit mitzutheilen; – die genugthuende Freude, aus der Seele jeden lasterhaften Hang, durch leidenschaftslose Rathschläge der Vernunft und des Scharfsinns, zu vertilgen, – sind die vorzüglichen Eigenschaften eines geliebten Gegenstandes. Die süßesten Töne, – die erhabensten Bestrebungen der eindringenden Beredsamkeit, und die blendenden Lockungen leerer Trugreden, verschwinden vor dem hohen Einflusse der Stimme, die wir lieben! Sie besitzt die Kraft, die Gefühle mit unwiderstehlichem Zauber zum Einklange zu bringen, und die Sinnlichkeit gefangen zu führen, bis jeder Gedanke von Bewunderung und Achtung gefesselt ist!

Fürst Wolfgang hatte sich zwar tief in Theresens Reize verliebt; aber er war zu stolz, um sich auf ruhmvolle Bedingungen mit ihr einzulassen. Ihr verwaister Zustand und ihre dunkle Erziehung war, nach seinen Gedanken, seiner Geburt und seiner Wichtigkeit schlecht angemessen; er hatte bisher die Vorschriften einer warmen Einbildung befolgt und den breiten Strom der Ausschweifung durchwatet, – Eitelkeit war seine Führerin, und unmäßige Befriedigung der Gegenstand seines verdorbenen Hangs. Die Frauenzimmer am Hofe erschienen ihm schlau zuvorkommend, und ohne Zurückhaltung hitzig im Suchen nach Eroberungen; ihr Betragen durfte nur mit Theresens Sitten verglichen werden, um in Verachtung zusammen zu schwinden, wie das Funkeln des Leuchtwurms vor dem aufgehenden Tage schwindet. Die Vergnügungen gemeiner Geselligkeit hatten für seine Sinnlichkeit keinen Reiz, unterdessen daß die elenden Freuden seiner ehmaligen Gesellschafter in eben dem Verhältnisse widerlicher wurden, in welchem sie sich zu den Stunden seiner geistigen Befriedigung aufdrungen.

Er beklagte jetzt den Ungestüm seiner Gemüthsart, welcher ihn im Frühlinge seines Lebens in den verschlingenden Wirbel modischer Thorheit gestürzt hatte; er bedauerte jetzt jene kostbaren, niemals wiederkehrenden Stunden, welche über kleinliche Beschäftigungen und entnervenden Schwelgereien verstrichen waren. Die hungrigen Schmeichler, welche seinen flüchtigen Geist mit den verführenden Reizen falschen Lobes unterhalten hatten, betrachtete er jetzt als die niederträchtigen Gaukler jedes reichen Narren; ihre eigensinnigen Grillen weidete er jetzt mit dem sichtbarsten Widerwillen; er verachtete sich selber, weil er sich von ihnen hatte täuschen lassen, und verwünschte sie, weil sie sich durch seine Großmüthigkeit bereichert hatten.

So sehr hatten sich alle Grundsätze seiner Seele geändert, daß er sogar mit Ernste daran gedacht hatte, sich in ein Kloster zu begeben; aber die Furcht, daß Einsamkeit die nagenden Quaalen der Reue nur vermehren würde, schreckte ihn von Ausführung dieses Vorsatzes zurück.

Der Auftritt häuslicher Glückseligkeit, von welchem er, während seines kurzen Aufenthalts in der Burg Uttenheim, Zeuge gewesen war, hatte sein Gemüth mit Abscheu gegen die Thorheiten des öffentlichen Lebens erfüllt. Die wonnevolle Ruhe, die harmonische Zusammenstimmung der Gedanken, die Seelenverwandschaft, welche in dem Tempel der Tugend Statt hatte, lieferte ein abstechendes Gegenbild zu jenen Auftritten, an welche er seit langer Zeit gewöhnt war; die Vergleichung wurde seinem Herzen auffallend; er fühlte seinen eigenen Unwerth, und entschloß sich, zu reisen, um Therese zu vergessen, und seinen Geist von den Thorheiten zu entwöhnen, welche ihm Schande machten.

Es ist viel leichter, in Verderben stürzen, als dessen Pfad verlassen, um die Tugend aufzusuchen; er fürchtete das höhnende Lächeln seiner ehmaligen Gesellschafter, den bittern Spott alltäglicher Seelen, und den Triumph derjenigen, welche sein bisheriges Betragen zu verdammen gewagt hatten. Verlachung ist der schärfste Stich, welche Thorheit erfahren kann; seine Wunden gehen tiefer, als Tadel, und sie haben noch außerdem die besondere Eigenschaft, daß sie unheilbar sind.

Therese, deren Geist und Bildung dem erhabensten Stande neuen Glanz ertheilt haben würde, war in Wolfgangs Augen noch immer eine unbekannte Waise, vielleicht die Frucht irgend eines geringen Untergebenen, welche aus Mildthätigkeit, Prahlsucht, oder Laune gepflegt worden; oder, was noch schlimmer war, die Frucht eines unerlaubten Umgang mit irgend einem verworfenen Frauenzimmer. – Das edle Haus des Fürsten Wolfgang konnte sich mit einer solchen Verbindung niemals befassen! Dies waren seine Gedanken, und er beschloß, zu reisen.

Siebenter Abschnitt.

Prinz Max, welcher über die kleinlichen Gefühle des Vorurtheils erhaben war, bewunderte Therese mit gerechter Begeisterung; und nahm häufig Gelegenheit, von ihr in den wärmsten Ausdrücken des Lobes zu reden. Die Frauenzimmer am Hofe hatten alle Zauberkünste versucht, um ihn zu fesseln; aber die bunten Schwingen der Laune hatten bisher seinen warmen Busen gefechelt, ohne jemals eine Flamme in seinem Herzen zu entzünden. Niemals erschien er in dem glänzenden Kreise, ohne über dem lauten Geflüster übertriebener Schmeicheley unwillig und beleidigt zu werden; denn wahres Verdienst trotzt der Honigzunge des Schmeichlers, so wie der der Diamant dem Feuer des verzehrenden Schmelztiegels.

Die hohen Mauern der Burg Uttenheim ertönten nicht länger von der Stimme ihrer Sängerin, oder von den Rundgesängen geselliger Frölichkeit. Die Aenderung in Theresens Ansehen und Betragen beschäftigte jetzt zu sehr jedes Mitglied der Familie. Der Graf suchte vergeblich, durch alle Kunstmittel, die Ursache ihres Mißbehagens zu entdecken; die Gräfin Adelheid, welche die stündlichen Verheerungen geheimen Kummers bemerkte, benutzte alle Linderungsmittel, welche Freundschaft ihr eingeben konnte, um ihren Gedanken eine andere Richtung zu geben. Aber es gibt Krankheiten der Seele, welche blos Zeit und Nachdenken heben kann.

Um so viel, als möglich, den tiefen Eindruck zu schwächen, welchen irgend ein unbekannter Vorfall auf Theresens Herz gemacht hatte, wurde eine Reise nach München vom Grafen vorgeschlagen, und mit aller Geschwindigkeit der aufmerksamsten Schonung veranstaltet. Kunigunde freute sich über die vor ihr liegende Aussicht; an den Vergnügungen der geschäftigen Welt Theil zu nehmen, war längst der Wunsch ihres Herzens gewesen; sie sehnte sich nach den Freuden einer Eroberung, und in ihrer Einbildung hatte sie ihr Verlangen bereits erfüllt. Ihre liebenswürdige Mutter, welche ehmals als ein Stern erster Größe an dem Wiener Hofe geglänzt hatte, hatte häufig ihre junge Seele gegen die Gefahren gewarnt, mit welchen solche Auftritte umringt sind; und Kränkung war es jetzt für sie, da sie, nach einer wonnevollen Eingezogenheit von dreizehn Jahren, sich wieder in der peinlichen Nothwendigkeit befand, die stillen Schatten von Uttenheim gegen das geschmacklose Gepränge falschen Glanzes zu vertauschen.

Therese gab ihre Einwilligung in diesen Plan auf eine Art, welche mehr Wirkung der Dankbarkeit, als de Neigung war. Widersetzlichkeit gegen einen Vorschlag, welcher in keiner andern Absicht gethan wurde, als in der Hoffnung, ihre Gesundheit und Gemüthsruhe wieder herzustellen, würde einen Mangel an seinem Gefühle und an Gefälligkeit verrathen haben. Bei dieser Ueberzeugung blieb ihr kein Schritt übrig, als bereitwillige Genehmigung des liebreichen Vorschlags.

Der Tag zur Abreise war da; die Anstalten waren ganz dem Range des Grafen angemessen. Wonne fühlte er bei dieser neuen Gelegenheit, Freuden um sich her zu verbreiten; und die Edelmüthigkeit seines Herzens äußerte sich in ihrem gewohnten Glanze. Therese, deren Kummer sich nicht durch kleinliche Beschäftigungen verscheuchen lies, bereitete sich mit zögernder Gleichgültigkeit zu der Reise; und unterdessen, daß Kunigunde ihre fruchtbare Einbildung beschäftigte, und mancherley Entwürfe zu Vergnügungen und Zeitvertreib machte, tröstete sich Therese damit, daß sie jedes geliebte Zimmer des Schlosses besuchte, in dessen Mauern sie ihre glücklichen Stunden kindlicher Unbefangenheit verbracht hatte.

In gedankenvoller Schwermuth setzte sie sich an das Fenster des geräumigen Gangs, welcher nach der Terrasse führte; und indem sie ihre Augen gegen das Fenstergitter wendete, durch welches sei noch einmal den theuern Aufenthalt ihrer scherzenden Jugend, den See, die Gebirge, und das Thal, betrachten wollte, wurden ihr zum erstennmale die folgenden Zeilen auffallend, welche mit einem Diamanten in das Fenster vor ihr eingeschnitten waren. Die schmalen Glasscheiben waren hin und wieder mit mancherley Sinnbildern übermahlt, wodurch es schwer wurde, die Buchstaben zu entziffern; auf jedem Vierecke stand ein einzelner Absatz, in italiänischer Sprache, wovon der Inhalt folgender war:

„Der kalte Hauch, welcher die Rose knickte, sinkt murmelnd jetzt in sanfte Ruhe; die schattigten Dünste segeln auf den Silberfluthen des Tags vorüber; Gesundheit glühet jetzt auf jedem Gesichte, welches ich sehe; aber, ah! nicht glüht sie noch auf mir!

86

„Jasminblüten verbreiten ihre milden Gerüche, um die brennenden Wangen der Rose zu küssen; die bleiche Dämmerung ergießt ihren flüchtigen Schauer, um Aurorens neugeborne Blume zu wecken; der Mai lächelt auf jedem Gesichte, welches ich sehe; aber, ah! nicht lächelt er noch mir!

„Vielleicht, wenn die wonnige Blume der Jugend verwahrloset zum Grabe hinwelket, wird das Schicksal den Blick einer Tochter dahin leiten, wo mein moderndes Gebein liegt; und gerührt von heiligem Mitgefühle, entfällt ihrem Auge eine Thräne vielleicht auch mir!" –

„Getäuscht durch Liebe, – aller Hoffnung beraubt, – ohne einen einzigen sanften Schimmer des Trostes, – tief von der Hand des Kummers gebeugt, – ohne eine mitleidige Freundin, welche meinen Jammer beweint; sie ausgenommen, sie, nach dem schonenden Rathschlusse des Himmels, leben soll, damit sie meiner gedenke, und seufze über mir! –

„Oh! wandern wollte ich, wo kein Strahl das Dunkel des ungewissen Tags durchbricht; willkommen sollte mir dort seyn die Stunde des Winters, die zögernde Dämmerung der mitternächtliche Schauer; denn kalt müsse jeder künftige Auftritt seyn, und trostlos mir!" –

Etwas bisher nie gefühltes schien sich aller Seelenkräfte zu bemächtigen; die Zärtlichkeit der Liebe, die Mitempfindung des Kummers, füllte ihre blauen seelenschildernden Augen mit Thränen des Mitleids! Sie überlas die Zeilen zu wiederholtenmalen mit der ernsthaftesten Bekümmerniß; das Klopfen ihres Herzens sagte ihr, daß sie mit irgend einer Jammergeschichte zusammenhingen, an welcher sie Theil habe; sie war eben beschäftigt, sie sich in ihr Taschenbuch abzuschreiben, als der Graf ihre Aufmerksamkeit weckte, indem er ihr sagte, daß er auf sie wartete. Er bemerkte die Wirkung, welche jene Zeilen auf sie gehabt hatten, sie fuhr zurück, als er sich ihr näherte; und schüchtern fragte sie, ob er sie jemals bemerkt habe.

Der Graf wurde über diese unerwartete Frage sehr bestürzt; doch faßte er sich, und sagte ihr, – er habe sie oft gelesen, und ein Frauenzimmer habe sie geschrieben, welche wegen ihrer Schönheit eben so berühmt gewesen, als wegen ihre Standhaftigkeit unter den prüfendsten Drangsalen.

„Sie war mit mir nah verwandt;" – setzte er hinzu.

„Ist sie denn todt?" – fragte Therese, mit dem größten Ernste in der Stimme.

„Ja; – erwiederte der Graf, in großer Unruhe; – sie starb in diesem Schlosse vor ungefähr vierzehn Jahren." –

„Nicht länger! gütiger Himmel! – fuhr Therese fort, mit unbeweglichem Blicke auf jene Urkunde des Kummers; – hätte ich sie nur gekannt! ich weis gewiß, ich würde sie geliebt haben." –

Der Graf wurde aus dieser mißlichen Lage durch die Gräfin Adelheid erlöset, welche sie zur Abreise aufforderte. Kunigunde war lauter Leben, Freude, und Erwartung; aber Theresens Seele war in Betrachtungen vertieft; – mit Widerstreben verließ sie das Fenster, und ohne eine Silbe zu äußern, setzte sie sich in den Wagen, welcher sie nach München führte.

Achter Abschnitt

Es war jene herrliche Zeit im Jahre, da die Natur ihr reichstes Laubwerk zur Schau stellt, und die Erde mit tausendfachem Emaille schmückt, welches von den duftenden Flügeln des röthenden Sommers herabfällt – die Vögel stimmten ihre Kehlen zu den wilden Melodien der Liebe; und der Blick der Schöpfung glühte vor jubelnder Schönheit; – das Thal war von goldkörnigen Garben bedeckt; und die Abhänge der Hügel verbargen sich hinter der reichen Bedeckung des falben Weinbergs; – als der Abend sich näherte, schlichen sich die grauen Schatten der Dämmerung über das Thal hinweg; unterdessen daß die brennende Scheibe, auf ihrem Rückzuge nach ihrem westlichen Gewölbe, einen Purpurschimmer über die spitzigen Gipfel der entfernten Gebirge verbreitete.

Als sie durch die Dörfer fuhren, drängten sich die Landleute mit Früchten und Trauben, dem Gewinne ihrer Arbeit, heran; einige reichten Sträuße von Rosen, unterdessen daß andre, nach dem Klange einer Zitter, vor ihnen hertanzten, oder in rohen Melodien die kleinen Balladen des Landes sungen. Die Alten priesen, in stammelnden Tönen, die zuvorkommende Aufmerksamkeit der Jüngeren; und alle vereinigten sich in freudenvollem Zurufe, als der Zug langsam weiter rückte.

Sie kamen jetzt an ein Posthaus im Thale. Matt von der unmäßigen Hitze des Tags, und ermüdet durch die ungewohnte Einsperrung in einem

Wagen, that Therese den Vorschlag, bei dem ersten schicklichen Gasthofe anzuhalten, um die Erquickung eines etlichstündigen Schlafs zu genießen. Die übrige Gesellschaft willigte sehr gern in diesen Vorschlag. Sie erkundigten sich bei einem alten Bauer nach dem besten Hause in der Nachbarschaft. Er sagte ihnen, – ohngefähr eine halbe Meile weiter könnten sie vollkommen sicher wohnen, und alle Bequemlichkeit erhalten, die sie verlangen würden; – „oder wenn Euch ein Rittersitz lieber ist, – setzte er hinzu, – so habt Ihr nur nach der Spitze des Hügels unterhalb des Weinbergs zu gehen, wo Ihr eine gastfreundlichen Aufnahme in dem Schlosse des Fürsten von Isenburg finden werdet; ein braver Herr, wie nur irgend einer seyn kann; er hat sich seit einiger Zeit hier angekauft, weil ihm die Gegend besser gefällt, als seine Heimat, und wegen der Nähe von München." –

„Hält er sich gegenwärtig hier auf?" – fragte Therese.

„Ja; – erwiederte der Bauer; – der Fürst ist von einer tiefen Schwermuth überfallen und wagt sich selten hinaus; er war kürzlich noch der lebhafteste und lustigste Mann, den man nur finden konnte; aber sie sagen er habe sich in eine Waise verliebt, welche in der Burg Uttenheim durch die Güte des alten Grafen unterstützt werde." –

Kunigunde brach in ein lautes Lachen aus; Therese, welche vor Bestürzung ganz übernommen war, bat, man möchte weiter fahren, ohne fernere Erkundigungen anzustellen.

Es wurde völlig finster, ehe sie den Ort ihrer Bestimmung erreichten. Eine tiefe Stille herrschte während des ganzen übrigen Abends; und sobald als sie angekommen waren, bat Therese um Erlaubniß, sich zur Ruhe begeben zu können, und lies der Gesellschaft Freiheit, über die Begebenheiten des Tags nachzusinnen.

Graf Meinhard bildete sich jetzt ein, die Ursache von Theresens Unlustigkeit entdeckt zu haben, und zwar höchst wahrscheinlich in irgend einer Erklärung des Fürsten Wolfgang, welche ihr nicht unangenehm sey; nur Furcht, ihm wegen des Hauptcharakters des Fürsten zu mißfallen, habe sie verhindert, ihren Sinn bei dieser Gelegenheit zu entdecken.

Durch einen vor ihrer Reise abgeschickten Eilboten nach München, hatte der Graf für eine herrliche Wohnung zum bequemen Aufenthalte seiner Familie gesorgt. Was sich nur geschmackvolles, was sich nur üppiges denken lässt, stand zum Empfange der liebenswürdigen Fremden in Bereitschaft. Kunigunde that Millionen Fragen über Millionen unbedeutender Dinge; sie betrachtete sich als eine Person, welche jetzt zum erstenmale in der Welt auftritt, in welcher sie sich mit keinem unbeträchtlichen Glanze auszuzeichnen hofte.

Mit Sonnenaufgang setzten sie ihre Reise fort; und am Schlusse des nämlichen Tags kamen sie in der lebhaften Hauptstad der baierschen Lande an.

Neunter Abschnitt.

Als sie durch das Stadtthor fuhren, lüftete die Gräfin Adelheid einen Seufzer der Sehnsucht nach jenen Auftritten, welche sie so kürzlich verlassen hatte; Theresens Gemüth wurde von ihrem Kummer angesteckt; sie faßte ihre Hand, und küßte sie, zum Zeichen des Mitgefühls. Der Graf war gedankenvoll; aber die Seele der entzückten Kunigunde blickte aus ihren funkelnden Augen, indem sie mit Bewunderung nach den mannigfaltigen Gegenständen hinstarrte, welche sich zum erstenmale ihren Blicken zeigten. Sie glaubte in ein Paradies versetzt zu seyn; und das anhaltende Lächeln auf ihrer glühenden Wange verrieth das Entzücken ihrer ergötzten Einbildung.

Mehrere Tage vergingen mit Annehmung der Höflichkeitsbeweise von den vornehmsten Familien in der Stadt. Prinz Max war unter den ersten, welcher sie bei ihrer Ankunft bewillkommte, und durch unaufhörliche Zuvorkommenheit seine Dankbarkeit für ihre ehmalige Aufmerksamkeit an den Tag legte. Mit Theilnehmen bemerkte er die sichtbare Aenderung in Theresens Miene; und äußerte den ernstlichen Wunsch, daß die Veränderung der Luft die lebhafte Röthe auf ihren Wangen wieder herstellen möchte, welche durch den matten Schnee der Lilie verdrängt war.

Ihre schöne Gestalt erschien schwach und ermattet; der Ton ihrer süßen Stimme war schüchtern und stammelnd; das Nachlässige in ihrem Anzuge verrieth Gleichgültigkeit und Kaltsinn gegen allgemeine Bewunderung. In den glänzendsten Gesellschaften war sie in trauriger Gedankenstille; und das prächtigste Schauspiel war für sie weder anziehend, noch unterhaltend.

Unter den Frauenzimmern vom Tone, welche die besondere Aufmerksamkeit der Gräfin Adelheid an sich zogen, war eine gewisse Frau von Tourneville, eine Person, welche auf die mannigfaltigsten Künste der Verstellung ausgelernt hatte, von einnehmendem Betragen, lebhaftem Umgange, und feiner Bildung. Die Witzlinge dieses Zeitalters entlehnten ihren Glanz aus ihrem Umgange; und die Frömmler von vornehmen Range fanden in ihrer Gottesfurcht Unterricht. – Sie war die Witwe eines Mannes von Familie, aus französischer Abkunft; und ohnerachtet sie ihr vierzigstes Jahr zurückgelegt hatte, so besaß die gleichwol manche Reize, welche sie durch alle Mittel zu erhöhen wußte, die der Geschmack erfinden, oder die Uebertreibungssucht verschaffen konnte. Bei dem Tode ihres Gatten sah sie sich im Besitze eines Vermögens, welches zur Anschaffung der geschmackvollsten Bequemlichkeiten eines einsamen Lebens hinreichte. Aber Frau von Tourneville war in der großen Welt zu leben gewohnt gewesen; Eingezogenheit war ihrer Ehrsucht schlecht angemessen; sie suchte den Umgang der Vornehmen und der Gelehrten, und hielt es unter ihrer Würde, sich mit den nüchternen Freuden häuslicher Einsamkeit zu begnügen.

Ihre Gesellschaften zeigten eine Mischung von Charakteren, die man selten in einem Kreise beisammen sieht. Der Frömmling, und der Wüstling – der Spieler und der Geistliche, – der gelehrte Stutzer und der Witzling; – die Spröde und die Kokette; – das schlüpfrige Mädchen, und die spruchreiche Matrone, vermengten sich hier in dem bunten Wirbeln von Vergnügungen und Zeitvertreib. Frau von Tourneville war Alles, für Alle; sie wußte ihr Gespräch der Laune ihrer Gäste anzupassen, mit den lebhaften war sie aufgeräumt, mit den gesetzten war sie ernsthaft; höflich gegen alle, vertraut gegen niemand; bei ihrer feinen Lebensart kam sie niemals in Gefahr, andre zu beleidigen; und die Würde in ihrem Betragen machte jede Beleidigung gegen sie unmöglich; kurz, Frau von Tourneville war ein Frauenzimmer nach der Welt.

In diese Gesellschaften, wo sich die große Welt im Kleinen zeigte, begab sich Graf Meinhard häufig mit seiner liebenswürdigen Familie, um ein unterhaltendes Gemälde von Menschen und Sitten zu betrachten, welches in dem ganzen verführenden Zauber feiner Gesellschaft aufgestellt wurde.

In diesem Kreise spielte eine der glänzendsten Rollen Graf Hermann von Usingen, ein Mann von außerordentlicher Gewandheit, und einnehmender Unterhaltung; durch sein freies und ungezwungenes Betragen verschaffte er sich mit jeder Stunde mehr Eingang bei der leichtgläubigen Adelheid; auch entgingen seine äußerlichen Vollkommenheiten keineswegs der Bemerkung ihrer lebhaften Tochter.

Die Zeit entflog auf den Schwingen der Freude; jeder Augenblick hatte seine Beschäftigung; und jeder Tag schien zu kurz zum Genusse der mannigfaltigen Vergnügungen, welche sie zugesagt hatten. Kunigunde, deren Aeußeres zwar nicht regelmäßig schön, aber doch besonders gefällig war, deren Miene Verstand und Lebhaftigkeit verkündigte, deren Gespräche aufgeweckt und ungekünstelt waren, und deren Erwartungen bei dem Tode des Grafen Meinhard für sehr beträchtlich gehalten wurden, lockte ein zahlreiches Gefolge von leeren Tändlern an sich; unterdessen daß die sanfte Therese blos die ehrfurchtsvolle Bewunderung der gesetzteren und aufgeklärteren an sich zog; es war in ihrem Betragen eine Würde, welche mit weiblicher Sanftheit so vereinigt war, daß der Wildfröliche nicht ohne Zittern sich ihr näherte, unterdessen daß der Ernsthafte und Vorsichtige ihren Tugenden huldigte.

Auf die Nachricht von Theresens Ankunft in München, eilte Fürst Wolfgang unverzüglich auf den Flügeln der Erwartung hin; denn er hoffte, die leichte Gruppe, mit welcher sie bekannt geworden, würde die Unschuld ihrer Seele so weit verführen, daß sie seine Liebeleien angenehm finden dürfte. Er wußte sich ebenfalls nicht wenig auf seine vertraute Bekanntschaft unter Frauenzimmern in den vornehmsten Gesellschaften, welche von Seiten dieses Punkts des vornehmen Tons allgemein bekannt waren. Er wußte, daß manches weibliche Herz seine eigene Glückseligkeit vor dem Altare der Eitelkeit geopfert hatte, blos wegen des Vergnügens, eine verhaßte Nebengeliebte zu verdrängen. Die Göttin der Mode hatte ihn längst für einen ihrer ersten Verehrer anerkannt; und er hatte das unbedingte Vertrauen, daß ihr Einfluß, mit einer kleinen Anhaltsamkeit, die steife Tugend der schönen Therese geschmeidig machen werde.

Die plötzliche Aenderung in seinem Entschlusse, – denn seine beschlossene Reise war in jeder Gesellschaft als ein Umstand gemeldet worden, welcher von allen Beförderern ausschweifender Vergnügungen beklagt werden müsse, – verursachte allgemeine Freude. Die Neugierde hatte ihr tausendfaches Auge geöffnet, um die Ursache einer so unerwarteten Entschließung aufzufinden, als die ausgezeichnete Achtung und außerordentliche Bewunderung, welche durch die Reize der schönen Waise geweckt wurde, die Meinung zur Entscheidung brachte, unterdessen daß dadurch zugleich der Neid der ganzen Zunft ihrer weiblichen Zeitgenossen erregt wurde.

Wenige Wochen nach ihrer Ankunft in München, ließ Prinz Max mit seiner gewöhnlichen Prachtliebe, ein glänzendes Turnier zur Unterhaltung der vornehmen Fremden veranstalten. Die kostbarsten Einrichtungen verkündigten den Glanz der beschlossenen Feierlichkeit; alle Seltenheiten und Herrlichkeiten wurden bei der Gelegenheit herbei geschafft. Der Adel, welcher von der Hauptstadt abwesend war, erhielt Nachricht von diesem Umstande, und ein Geist des Wetteifers erwachte in jedem Busen.

Endlich erschien der Tag des glänzenden Festes. Das große Viereck vor dem Palaste des Prinzen war von einem erhabenen Gerüste umschlossen, welches rund herum mit grüner Seide behangen, und mit künstlichen Blumenschnüren üppig geschmückt war; die Sitze waren mit rothem Tuche überschlagen, welches reich mit Golde befranzt war; der Grund war mit Silbersande bestreuet, welcher sich künstlich unter Blättern von Rosen und Mirthen verbarg. Die Spitze des Rundgerüstes, welche unbedeckt blieb, und den hellen blauen Himmel über sich hatte, war mit Vasen voll brennenden Weihrauchs geschmückt, dessen kräuselnder Dampf die Luft mit den herrlichsten Wohlgerüchen füllte. Der gewölbte Bogen des Himmels hallte von den mannigfaltigen Tönen der ausgesuchtesten Harmonie wieder, welche so verschiedenen Instrumenten von den geübten Fingern der geschickten Tonkünstler entlockt wurden; – unzählige Fahnen schwebten leise mit den sanften Sommerlüften hin, und fechelten den unteren Raum – alles, was nur das Auge fesselte, oder die Einbildung entzücken konnte, war von der üppigen Hand des gebildeten Geschmacks rund herum verbreitet; – alle Schönheiten des Landes zierten den Kreis in dem glänzendsten Anzuge.

Die Gräfin, und deren junge Gesellschafterinnen, wurden wegen ihrer anmuthsvollen Einfachheit bewundert. Theresens Bildung machte sich in einem weißseidenen Gewande bemerklich, welches mit Silberblumen leicht gestickt war; eine Brilliantenbinde umschloß ihr Haupthaar, und ihre liebevollen Augen schimmerten mit gemäßigtem Glanze durch einen schwarzen Schleier des dünnsten Gewebes.

Sobald als sie das Rundgerüst betraten, schien jeder Zuschauer mit Entzücken sie anzustarren. Der Prinz, welcher bereits zum Gefechte gerüstet war, verneigte sich ehrfurchtsvoll, unterdessen daß zwei reich gekleidete Pagen sie zu den Sitzen führten, welche zu ihrem Empfange bereitet waren.

Der Schall der Trompete gab das Zeichen zum Anschicken! Zwanzig Ritter, in vollständiger Waffenrüstung, und von dem erhabensten Range, traten vor die Schranken. Zehn von ihnen schwungen sich auf schön gezäumte milchweiße Pferde; die andern zehn auf Stutten, deren glänzende Schwärze mit den Flügeln des Raben wetteiferte; ihre Lanzen waren mit geschliffenem Stahle, ihre Schilder mit eingebranntem Golde besetzt! die Kämpfer unterschieden sich von einander blos durch seidene Scherpen von abwechselnden Farben, welche anmuthig über ihre Schultern zurück fielen.

Der Angriff begann; die Ungeübten wurden bald aus dem Sattel gehoben, und die Sieger erhielten den lauten Beifall der ängstlich wartenden Versammlung.

Nur zwei blieben zurück, um den Ruhm des Tages durch einen Zweikampf zu entscheiden. Nach manchem muthvollen Umritte und wildem Zusammenstoßen, wich der besiegte Ritter seinem Gegner, welcher augenblicklich sein Visir abzog, und seine Scherpe zu Theresens Füßen legte!

Es war Prinz Maximilian! sein ermatteter Kämpfer, Fürst Wolfgang von Isenburg, entfernte sich voll Wuth und Verdruß über den öffentlichen Triumph seines Freundes.

Augenblicklich überzog der Neid mit seiner braunen Farbe die Gesichter längst des Rundgerüstes. Das unbegränzte Lob, welches Theresens Schönheit abedrungen hatte, verhallte jetzt in tiefes Murmeln, mit bitterem Lächeln begleitet. – „Die Waise von Uttenheim!" – ging das Geflüster durch die Menge; – „die Einsiedlerin des Forstes!" – hallte es in der Versammlung zurück; kaum wagte der Prinz, den gerümpften Sauerblicken der aufgebrachten Frauenzimmer zu begegnen. Erröthend und anmuthsvoll stand Therese da; aber noch ehe die Gesellschaft sich zerstreuen konnte, war über ihre Gestalt die boshafteste Prüfung von jedem Frauenzimmer in dem Kreise ergangen.

Kunigunde, welche sich an dem Auftritte ergötzt, und die Verehrung des schlauen Grafen von Usingen kaum gemerkt hatte, welcher ihr Ohr mit den Täuschungen der Schmeicheley zu vergiften suchte, bezeigte jetzt ihrer Freundin ihr Theilnehmen bei dieser Bestätigung ihrer höhern Reize. Die Feierlichkeit endigte sich mit einem Balle am Abend, wo die Hand des Prinzen Theresens Triumph vollständig machte.

Zehnter Abschnitt.

Unter den Frauenzimmern, welche am nächsten Morgen ihr Opfer brachten, war keine in ihren Glückwünschen eifriger, als Frau von Tourneville. Sie betrachtete jetzt Therese als einen schätzbaren Gewinn für ihre Gesellschaft; sie hoffte, die Mannspersonen würden durch die Reize ihrer Schönheit in die Versuchung kommen, ihr Haus zu besuchen; die Frauenzimmer würden aus Neugierde dazu veranlasst werden, und um die Freude zu haben, sie zu kränken. Der Prinz hatte häufig den Blendungen der Frau von Tourneville mit einem ausgezeichneten Grade von Verachtung widerstanden; sie freute sich jetzt bei der hoffnungsvollen Aussicht auf Befriedigung ihrer Rache, auf eine, oder die andre Weise.

„Ist er wirklich in Therese verliebt, und verschmäht sie seine Leidenschaft, so will ich mich an der Demüthigung weiden, welche seine Eitelkeit fühlen wird. Gelingt es ihm hingegen mit seinem Ansuchen, so wird er, durch eine ungereimte und entehrende Verbindung, sich einem ewigen Spotte aussetzen." –

Von dieser Art waren die Gedanken der Frau von Tourneville; und mit einem Herzen voll Erwartung machte sie die Anlage zu ihrem Plane der feinsten Schlauheit, im Vertrauen auf guten Erfolg, und im Vorschmack der Freuden eines künftigen Siegs.

Therese empfing sie mit ihrer gewohnten Höflichkeit, welche durch jenes bezaubernde Mißtrauen erhöht wurde, von welchem das höhere Verdienst stets begleitet wird. Frau von Tourneville sprach sehr zum Lobe des Prinzen, wegen der glänzenden Beweise, welche er von seinem Muthe und seiner Beurtheilungskraft gegeben habe. Graf Hermann stimmte mit in die wärmsten Lobeserhebungen; unterdessen daß Graf Meinhard und dessen Schwester sich in der Stille an dem Lobe weideten, welches ihrem Lieblinge ertheilt wurde.

Therese, welche von ihrem Verstande belehrt wurde, das zuvorkommende Betragen des Prinzen als bloße Aeußerungen von Frauenzimmerliebe zu betrachten, fühlte wenige Freude bei dem öffentlichen Vorzuge, welcher ihr wiederfuhr. Sie kannte den schwärmerischen Eifer, welcher sein Herz für Ritterthaten befeuerte, und fand für sich wenig Verdienst in den schmeichelhaften Höflichkeitsbezeugungen, welche er gegen sie zu äußern für gut gefunden hatte.

Gesellschaften versammelten sich in jedem vornehmen Hause der Stadt; Therese wurde beständig angesprochen, die Kreise mit ihrer Gegenwart zu schmücken. Einige schickten ihr eine Einladung, blos weil andre es thaten; und einige, um Gelegenheit zu bekommen, ein höhnendes Urtheil über ihre Reize zu fällen. War sie ernsthaft, so beschuldigte man sie einer stolzen und mürrischen Zurückhaltung; war sie munter, so galt dies für kindische Flüchtigkeit. Erschien sie in glänzendem Anzuge, so fand man eine solche Pracht für eine elende Untergebene unschicklich; wenn einfache Kleidung ihre Schönheit erhöhte, so war der Schluß fertig, sie finde bei ihren Reizen die Hülfe der Kunst entbehrlich. Nahm sie die Einladungen an, so machte man die boshafte Bemerkung, wie bereit sie sich zeige, jede Gelegenheit zu benutzen, wo sie gesehen werden könne; lehnte sie dieselben bescheiden ab, so wurde gemuthmaßt, sie sey so eitel, daß sie durch Sparsamkeit mit ihren Besuchen den Werth derselben erhöhen zu können glaube. So wußte die Bosheit vorsetzlich ihr ganzes Betragen falsch auszulegen, und der Neid verfolgte sie unaufhörlich auch auf dem Pfade der Bescheidenheit.

Ungeachtet ihrer flüchtigen Gemüthsart fühlte Kunigunde gleichwohl allmählig eine Art von unerklärlicher Vorliebe für den Grafen Hermann von Usingen. Der Gedanke eines Liebhabers war ihrer Einbildung weit ergötzlicher, als ein neues Kleid einem Kinde, oder als eine Lästergeschichte für eine veraltete Jungfer. Sie wußte, daß Graf Meinhard vorzüglich behutsam seyn würde, mit wem er einer Person aus seiner Familie eine nähere Verbindung erlauben sollte; sie fürchtete, er möchte Nachricht bekommen, daß sie bereits Anträge von einem angenommen habe, welcher beinah fremd war; gleichwol war es ihr unleidlich, daß das Auffallende einer solchen Eroberung unbemerkt bleiben sollte. Sie beschloß, der Frau von Tourneville das Geheimniß zu eröffnen, und sich ihren Rath in einer Angelegenheit zu erbitten, welche ihre Eitelkeit so nah anging, und auch ihrem Herzen nicht ganz gleichgültig war.

Frau von Tourneville, welche längst eine Vorliebe für Hermann gehegt hatte, wurde durch die Entdeckung seiner Leidenschaft für eine andre bis in die Seele verwundet; auf jeden Fall wußte sie, daß eine Heirat sie auf immer um seine ganze Aufmerksamkeit bringen würde; aber sie war nicht ohne Hoffnung, daß Kunigundens ernsthaftes und zurückhaltendes Betragen mit der Zeit den Eindruck schwächen könne, welchen sie auf das Herz ihres Unbeständigen gemacht hatte. In dieser Vorstellung sagte sie:

„Meine süße kleine Freundin, ich rathe Euch in aller Absicht, die Sache vor dem Grafen Meinhard geheim zu halten, bis Ihr überzeugendere Beweise von Hermanns Anhänglichkeit haben werdet; ein junges Frauenzimmer sollte besonders vorsichtig dabei seyn, wie sie die Erklärung ihres Liebhabers entdeckt. Gewöhnlich sind die Mannspersonen blos so lang standhaft, als das Geheimniß einer Anhänglichkeit eine fortfließende Quelle für die Neugierde ist; sie streben nicht nach dem Besitze des Herzens, sondern nach dem bloßen Ruhme, die Schwierigkeiten einer Eroberung überwunden zu haben. Wenn Ihr der Welt bekannt macht, daß Hermann Euer Sklave ist, so wird er für schlechterdings nothwendig finden, die Menschen zu überzeugen, daß Eure Ketten leicht zu zerbrechen sind. Sollte Euer Edelmuth Euch verleiten, eine Vorliebe für ihn zu gestehen, so werdet Ihr ihm nichts zu suchen übrig lassen, was seine Eitelkeit befriedigen könnte. Ein Liebhaber sollte unaufhörlich beschäftigt werden; er sollte alles zu fürchten, und sehr wenig zu hoffen haben; nimmt man ihm die Nothwendigkeit einer anhaltenden Dienstbeflissenheit, so wird er bald den Wunsch zu gefallen verlieren. Sicherheit ist der Tod der Liebe; läßt man den kleinen Gott wissen, daß er Flügel hat, so wird er nicht eher rasten, als bis er deren Stärke versucht hat; und erlaubt man ihm einmal, sich von den reizenden Fesseln empor zu schwingen, so wird er niemals wiederkehren, als um seinen Tirannen wegen ehemaliger Unmenschlichkeit zu tadeln.

„Alles, was lebt, sehnt sich nach Freiheit, der Liebhaber ausgenommen; gleich dem gefiederten Sänger, welcher nach langer Einsperrung zufrieden in seinem Drahtgehäuse schmettert, behagt ihm seine Sklaverey; gebt ihm seine Freiheit, und er schwärmt als ein elender Wanderer umher, und sucht neue Freuden, und neue Ketten; auch erlangt er seine gewohnte Glückseligkeit nicht eher wieder, als bis er durch die Macht weiblichen Zaubers von neuem gefesselt ist. – Haben wir keinen Gegenstand, welchen wir gefallen wollen, so verlieren wir bald den Wunsch, liebenswürdig zu erscheinen. Wollt Ihr Euch der Neigung Euers Liebhabers versichern, so belehret ihn, daß er nur durch gehörige Achtung für Eure eigenen Reize sich Eurer würdig mache; und seyd gewiß, daß in dem Augenblicke, da er die Möglichkeit, Euch zu verlieren, nicht länger fürchtet, Ihr keinen ferneren Anspruch auf seine Beständigkeit, oder Zuneigung, übrig behaltet.

„Warum sehen wir so oft, daß der unverdrossene und schwärmende Liebhaber sich in einen wunderlichen und milzsüchtigen Ehemann verwandelt? Nicht, weil der Gegenstand seiner Leidenschaft minder liebenswürdig, oder wünschenswert geworden wäre. – Warum verschmäht er die zuvorkommende Güte geselligen Trostes, die Aufmerksamkeit der Freundschaft, und kosende Bekümmerniß liebevollen Theilnehmens? Nicht, weil seine Seele unfähig ist, diese Freuden zu genießen; sondern weil das in allen Wünschen befriedigte Herz nichts mehr zu hoffen übrig hat. Die Eßlust verschwindet nach einer Mahlzeit von einerley Süßigkeiten; und wenn wir über Ebbe und Fluth des Glücks, und über die kleinen Abwechslungen in der Welt seufzen, so machen wir uns einer Undankbarkeit gegen den Himmel schuldig.

„Die höchste Wonne des Lebens entsteht bei jenem Genusse, welcher durch Vergleichung mit den Uebeln desselben so vorzüglich wird. Wer niemals den nagenden Schmerz des Hungers gefühlt hat, kann auch die Wohltaht einer reichlichen Mahlzeit nicht empfinden. Selbst die Luft, welche wir athmen, wird durch die verschiedenen Wechsel der wiederkehrenden Jahreszeiten für unsere Naturen anpassen – ewiger Sonnenschein wäre so unleidlich, wie beständiger Frost; und wir haben manche Beispiele von Philosophen unter den prüfendsten Bedrängnissen gesehen; ohnerachtet wenige Gemüther stark genug sind, den gefährlichen Zerstreuungen im Wohlstande entgegen zu arbeiten." –

„Nach Euern Lehren also – erwiederte Kunigunde – sollten wir vielmehr die Uebel des menschlichen Lebens, als die Ergötzlichkeiten desselben wünschen." –

„Ein, wie das andre, hängt von der Gemüthsstimmung ab, mit welcher wir sie aufnehmen; – fuhr Frau von Tourneville fort; – „Glückseligkeit ist jedem menschlichen Wesen erreichbar; und bloß den Mürrischen und Mißvergnügten bleibt es vorbehalten, diese Welt zu einem Schauplatze endloser Angst zu machen." –

Die Unterredung wurde durch den Hereintritt des Grafen Hermann unterbrochen, dessen Besuch man in diesem Augenblicke sehr leicht entbehrt haben würde. Aber Frau von Tourneville war völlige Gebieterin über ihre Empfindungen; sie bewillkommte ihn mit der vollkommensten Unbesorgheit, lächelte gegen Kunigunde, welche durch seine Gegenwart etwas aus der Fassung gebracht wurde, und sagte, in einem Tone erkünstelter Mattheit:

„Mein lieber Graf, Ihr habt auf unsern wärmsten Dank Anspruch, da Ihr durch Euren angenehmen Besuch uns von unsrer Langeweile befreiet;

wir waren in einer langen Unterredung begriffen, in welcher ich meiner kleinen Freundin einen Abriß von dem Leben der großen Welt zu geben suchte; nicht mit dem Pinsel eines Schmeichlers, das versichre ich Euch; die Thorheiten und Laster der Welt wurden in ihren grellsten Farben geschildert; und ungern sage ich es, daß die tiefen Schatten ein solches Dunkel über die wenigen schwachen Züge von Vortrefflickeit warfen, daß dieses Gemälde nicht sehr vortheilhaft in den Augen eines Neulings erscheinen mußte. Was mich betrifft, so bin ich der ewigen Geschmacklosigkeit des Vergnügens so durchaus überdrüssig geworden, daß ich fast auf den Gedanken komme, es sey keine ächte Glückseligkeit zu finden, als in völliger Eingezogenheit. Die Mannspersonen sind so launisch, und die Weiber so kokett, daß man bei keinen auf Redlichkeit hoffen darf. –

„Ihr thatet damit einen unverantwortlichen Angriff auf unser Geschlecht wenigstens, – erwiederte Graf Hermann; – und ich widerspreche durchaus dem Urtheile eines milzsüchtigen Richters. Ich gebe gern zu, daß die Thorheiten beider Geschlechter reichliche Gelegenheit zum Spotte und zur Verbesserung geben; aber das Auge des bitterhöhnenden Ernstes verfinstert jeden Gegenstand seiner Prüfung; und das Vorurtheil wird immer die Kraft besitzen, Tugenden zu erhöhen, oder zu vermindern, je nachdem es der Neigung angemessen, oder dem Eigennutz vortheilhaft ist. Aber ich erstaune, da ich Klagen von Euch höre, von Euch, da Ihr alle Befriedigung habt, welche Mode und Bewunderung Euch ertheilen kann! Ihr gleichet der empfindsamen Kokette, welche unaufhörlich die nämlichen Freuden verachtet, über deren Aufsuchung ihr ganzes Leben verbracht wird. Wenn Ihr in die Flamme blasen wollt, wie darf es Euch befremden, daß Euch die Lippen dann und wann von der Hitze versengt werden! Glaubet mir, Frau von Tourneville, den klügsten Beweis von Ueberdrusse geben wir alsdann, wenn wir von den Gegenständen fliehen, welche uns beleidigen. Ihr möget Fehler finden, möget seufzen und Euch ärgern, und die Thorheiten der Menschen verbessern wollen; aber Ihr werdet wenigen Eingang bei dem schärfersehenden Theile der Welt finden, so lang als Eure Theorie und Praxis so ganz einander entgegengesetzt sind. Ich für meinen Theil könnte eben so wenig außerhalb dem aufheiternden Kreise der Mode leben, als in der Zell eines Anachoreten; der schläfrige Mönch mag über seinen Reliquien frieren, bis sein Herz zum Steine erstarrt; ich will lieber von dem himmlischen Feuer aus Augen, welche ich gesehen habe, glühen, – (dabei that er einen Blick auf Kunigunde) – als die schätzbarsten Reste irgend eines Kalenderheiligen besitzen.“ –

„Sankta Maria!" – rief Frau von Tourneville, indem sie mit einem Blicke voll Andacht ihre Augen gegen den Himmel erhob, unterdessen daß Kunigunde in der Stille mitseufzte. Der Graf zwung sich zu einem herzlichen Lachen über sie Beide, als ein Bedienter die Gräfin Adelheid und Therese anmeldete.

Frau von Tourneville hatte zwar zu viele Eigenliebe, als daß sie ihren Verdruß über Hermanns Unbeständigkeit hätte sollen merken lassen; gleichwol konnte sie sich von dem Gefühl der ihr drohenden Gefahr, einen so schätzbaren Gesellschafter zu verlieren, nicht frei machen. Sie beschäftigte augenblicklich ihre thätige und fruchtbare Einbildungskraft mit einem Entwurfe zu einem Plane, um jene Gewalt wieder zu erhalten, welche, wie sie sehr wohl wußte, nicht ohne unendlichen Nachtheil für ihre Finanzen geopfert werden konnte. Leise geweckte Eifersucht gewinnt oft das Herz zurück, welches sich weder durch Zauber der Schönheit, noch durch Verdienste, hatte fesseln lassen; der Verdruß bei der Erblickung eines bewunderten Gegenstands in dem Besitze eines andern, entzündete jeden verborgenen Funken der Zärtlichkeit; und wenn die Seele fähig ist, ein zartes, oder stolzes Gefühl zu beherbergen, so verbirgt sich selten ihre Unruhe bei dem bloßen Scheine eines Nebengeliebten.

Mit diesen Gedanken wählte Frau von Tourneville den Prinzen Max, als die schicklichste Person, um die Gefühle des Grafen Hermann zu wecken; und sie beschloß, keine Zeit zu verlieren, um den Versuch anzustellen.

Die Ankunft der Gräfin Adelheid und Therese bot ihr eine herrliche Gelegenheit. Nach manchen verbindlichen Aeußerungen gegen letztere, wegen der allgemeinen Bewunderung, welche sie in den vornehmsten Gesellschaften erregt hatte, sagte sie:

„Ich könnte bei den schönen Sachen, welche ich aus dem Munde des Prinzen über Euch gehört habe, eifersüchtig werden, wenn ich nicht überzeugt wäre, daß er in der That so einnehmend, so in aller Absicht vollkommen ist, daß seine ganze Aufmerksamkeit in Beschlag nehmen zu wollen, ein grausame Monopol seyn würde, dessen sich kein vernünftiges Frauenzimmer gern schuldig machen wird." –

„Der Prinz zeigt sich vollkommen liebenswürdig;" – erwiederte die Gräfin Adelheid. „Oh! ja – entgegnete Frau von Tourneville – es sind wenige Frauenzimmer von einiger Bedeutung in den höhern Gesellschaften dieser Stadt, welche seine bezaubernden Eigenschaften nicht anerkennen sollten; ich für meinen Theil bekenne aufrichtig, daß er ein Spiegel der

Vollkommenheit ist, welcher ein vollendetes Muster für sein eigenes Geschlecht, und ein verführendes Bild für das unsrige aufstellt." –

Therese horchte aufmerksam auf die Lobsprüche, welche dem Prinzen ertheilt wurden; und ihr klopfendes Herz verrieth nur allzu stark ihre geheime Anerkennung der Richtigkeit derselben. Schon aus dem lebhaften Tone, mit welchem Frau von Tourneville, ihre Gesinnungen äußerte, schloß Therese, sie habe jetzt die glückliche Gottheit der Anbetung des Prinzen entdeckt, welche Fürst Wolfgang in Bertha's Hütte geschildert hatte.

Graf Hermann, dessen Eitelkeit bei dem Betragen der Frau von Tourneville gewiß wurde, beschloß seinerseits, bei seinem Plane gegen Kunigunde zu beharren, wobei sich ihm eine üppige Aussicht zu Rache und zu Befriedigung seiner Wünsche zugleich öffnete.

Therese konnte, bei aller ihrer sanften Gemüthsart, sich gegen Frau von Tourneville nicht mit ihrer gewöhnlichen Höflichkeit und Feinheit betragen; sie meidete ihren Umgang so viel als möglich; und wenn sie der Zufall zusammen brachte, so waren die Unterredungen kalt und feierlich. Es findet sich eine natürlich mißtrauische Schüchternheit in dem weiblichen Herzen, selbst bei dem Besitze der vorzüglichsten und erhabensten Eigenschaften; sie macht, daß es, bei wirklicher Liebe, schon bei dem Schatten eines Nebengeliebten zu klopfen anfängt; und diejenige, welche die Wahrheit dieser Bemerkung niemals erfahren hat, ist entweder mehr, oder weniger, als Weib.

Keine Leidenschaft wird so häufig falsch genannt, und falsch verstanden, als die Eifersucht; die Bemerkung ist gewöhnlich, daß einer wegen des Ruhms des andern, ein Frauenzimmer wegen der Schönheit und Vorzüge einer andern, eifersüchtig ist; wenn der selbstsüchtige Geist still steht, um die Vollkommenheiten der menschlichen Natur mit einem boshaften und verkleinernden Auge zu untersuchen, gar gern verachten will, und auf Tadel beflissen ist, denn ist es nicht Eifersucht, was ihn treibt, sondern Mißgunst, die niedrigste und verächtlichste aller Leidenschaften.

Eifersucht ist die Geburt und beständige Begleiterin der Liebe; sie dringt mit unwiderstehlichem Ungestüme durch alle die erhitzten Gänge des Gehirns, und versengt die sanften Blüten der Vernunft und des Zutrauens. Laune, Eitelkeit, Eigennutz, selbst Gewohnheit und Schicklichkeit haben, wie bekannt, eine Art von Verbindung zwischen einzelnen Personen gestiftet; – „einig, aber ungepaart;" – solche Anhänglichkeiten können ohne Eifersucht bestehen; – aber Liebe, welche aus erhabener Verwandtschaft in Gesinnungen entsteht, – das Glühen der warmen Zuneigung; – die Zartheit des Mitgefühls, welches durch die Seele bebet, und alle ihre Aeußerungen mit den Empfindungen eines theuern andern Ichs vereinigt, – welche keine Freude kennt, als in Theilnahme an jedem Schmerzen, in Erleichterung jeden Kummers, – ist zitternd wachsam gegen alle die fürchterlichen Angriffe einer eifersüchtigen Unruhe.

Eilfter Abschnitt.

Nachdem die gewöhnlichen Höflichkeitsbezeigungen von allen Seiten ausgewechselt waren, so theilte man sich; Spiel wurde vorgeschlagen, und jeder Partie wurde ihr Tisch zu denen Spielen besorgt, welchen sie den Vorzug gaben. Nur Therese lehnte diesen Zeitvertreib ab; sie wollte lieber das stille Vergnügen genießen, die Gemüther zu entziffern, und die mannigfaltigen Neigungen der geschäftigen Gruppe zu beobachten, welche sich unterdessen beträchtlich vermehrt hatte.

Frau von Tourneville, welche sich auf das Geheimniß der Kunst zu gefallen verstand, hatte die Tische genau so gestellt und besetzt, wie es die Gesellschaft wünschte. Graf Hermann und Kunigunde erhielten ihren Platz an dem Schachbrette, unterdessen die Gräfin Adelheid, und sie selber, nebst dem Grafen Meinhard und dem Fürsten Wolfgang sich zu einer Quadrille setzten. Prinz Max, welcher jetzt angekommen war, ergötzte sich an dem wonnevollen Gespräche mit Therese; und alle Partieen schienen mit ihrer vorhabenden Beschäftigung vollkommen zufrieden.

Graf Hermann versäumte keine Gelegenheit, sich seiner lebhaften Gesellschafterinn angenehm zu machen. Er begnügte sich, den Sieg an seine liebenswürdige Gegnerin zu überlassen, ohnerachtet diese ein bloßer Neuling, und er ein Ausgelernter war. Sie gewann viele Spiele mit Leichtigkeit, und freute sich über ihren Triumph. Graf Meinhard, welcher jetzt seine Partie geendigt hatte, und in den Tagen seiner Jugend als ein äußerst geschickter Spieler berühmt gewesen war, übernahm jetzt den Angriff gegen den überwundenen Hermann.

Anfangs war die Aussicht für den Grafen Meinhard vortheilhaft, welcher im Gefühl seiner Ueberlegenheit über Hermann, weniger auf dessen Züge Achtung gab, als der Klugheit gemäß war. Da er bemerkte, daß sein schlauer Gegner jeden unrühmlichen Vortheil von seiner Unachtsamkeit benutzte; so erregte die Wärme des Unwillens einen augenblicklichen Verdruß; und der unbefangene Graf Meinhard ließ sich verleiten, seine Wette bis auf die Summe von sechstausend Gulden zu erhöhen. Sein geschickter Gegner hielt jetzt für dienlich, seine geheimgehaltene Ueberlegenheit zu zeigen, und wenige Minuten entschieden den Kampf zu Hermanns Vortheile, zur größten Freude der vertrautesten Mitglieder der Gesellschaft.

Frau von Tourneville äußert listig ihr Mißfallen über diese Unschicklichkeit eines so hohen Spiels, und machte den Grafen sanfte Vorwürfe wegen seiner Verwegenheit. Diese Abendunterhaltung lieferte unendlichen Stoff zu Betrachtungen für die redlichen Betrogenen in der Gesellschaft, und keinen geringen Anlaß zum Jubel für die lasterhaften und glücklichen.

Diese Probe von Gesellschaften der Frau von Tourneville brachte den Grafen Meinhard zu dem Entschlusse, seine Familie von zu häufigem Umgange mit solchen gefährlichen Personen abzuhalten.

Um über Hermanns Unredlichkeit Gewissheit zu bekommen, wagte er, seine Vermuthungen dem Prinzen bekannt zu machen, welcher über seine Einfalt lächelte, und erwiederte:

„Ich wundre mich, mein lieber Graf, über Euern Mangel an Scharfsinn, daß Ihr sogar von Hermann Euch berücken lasset. Er ist ein Spieler vom Handwerke; und ohnerachtet er dafür bekannt ist, so wird er gleichwol in den ersten Häusern dieser Stadt aufgenommen. Solche Charaktere sind durchaus nothwendig, um die Haushaltung der Frau von Tourneville zu unterstützen. Ihre glänzende Wohnung, und ihre üppige Lebensart, findet unendliche Hülfsquellen in der Gewandtheit eines solchen Verbündeten; und so lang als ihr Haus eine unterhaltende Mischung aufstellt, von Lebhaften und Ernsthaften; von Verständigen und Gedankenlosen, von Geizigen und Verschwendern, – von Leuten, welche viel verlieren, und von andern, welche nie genug gewinnen können, – so lang wird das Gefährliche einer solchen Gesellschaft vergeblich von der Sittlichkeit vorgestellt, und von der Erfahrung bewiesen werden. Frau von Tourneville ist ein ganz außerordentlicher Charakter; sie ist übertrieben fromm, ohne Grundsätze; sie ist spröde, ohne Keuschheit; sie ist Weib, ohne Eifersucht; sie wechselt ihre Launen mit den herrschenden Gesinnungen der jedesmalen Stunden, unterdessen daß jede Leidenschaft ihres Gemüths sich nach der Beförderung ihres Nutzens richtet. Hermann ist ihr Freund, ihr Rathgeber, ihr Liebhaber; gleichwohl erhält Frau von Tourneville nicht nur Aufnahme, sondern abgöttische Verehrung in den lebhaftesten Gesellschaften, als ein Wunder von Tugend und Sittsamkeit; unterdessen daß manche weibliche Geschöpfe, welche nicht die Hälfte ihrer Laster, aber nicht die Geschicklichkeit haben, sie zu verbergen, aus den Kreisen verdrängt werden." –

Voll Erstaunen über diese außerordentliche Schilderung hoher Sittenlosigkeit, enthielt sich der Graf aller Erläuterungen darüber; sondern beschloß bei sich, indem er voll tiefer Gedanken wegging, den Unterricht zu benutzen, welchen ihm die Erfahrung gegeben hatte.

Therese, deren Schwermuth beständig an ihrem Herzen nagte, fühlte wenig Freude bei dem Wirbel von Vergnügungen, welche täglich in Vorschlag kamen, um sie aufzuheitern. Oft seufzte sie nach den Schatten von Uttenheim, und nach den einsamen Wohnungen in dem düsterem Schlosse; aber ihr feines Gefühl, welches ihr sagte, daß ihre Klagen den Schein von Undankbarkeit haben würden, hinderte sie, ihre Wünsche laut zu äußern, welche unveränderlich auf die Rückkehr zu jenen Auftritten einsamer Ruhe gerichtet waren.

Zufolge der Entdeckung des Grafen in Ansehung des Inneren des Kabinets der Frau von Tourneville, und des Charakters ihres Cicisbeo, des Grafen Hermann von Usingen, wurden die Besuche seiner Familie in diesem Hause seltener. Prinz Max, dessen Gemüth ganz Vollkommenheit war, hatte mehr als einmal einen Seitenwink gegeben, daß die jungen Frauenzimmer besser thäten, wenn sie den Rath und den Umgang einer solchen Person zu meiden suchten; und die Gräfin Adelheid war völlig dieser Meinung. Fürst Wolfgang, welcher befürchtete, Hermanns eigene Art von Reizen möchte auf Theresens Gemüth Eindruck machen, bot alle seine Beredsamkeit auf, um dem Grafen jedes fernere Verkehr mit dieser Gesellschaft zu widerrathen, mit der feierlichen Betheurung, daß seine Achtung für die Ehre der Familie ihn veranlasse, bei dieser Gelegenheit in das Mittel zu treten.

Graf Hermann, welcher merkte, daß seine Absichten auf Kunigunde, durch diesen unerwarteten Aufruhr, wahrscheinlich vereitelt werden würden, beschäftigte jetzt seine Gedanken mit jenen Kunstgriffen, welche er, bei seinem leichten Zugange zu dem Gegenstande seiner verdeckten Unternehmungen, bisher nicht nöthig gehabt hatte. Bei seiner Geübtheit in allen verführerischen Künsten, und bei dem Besitze aller einnehmenden Eigenschaften, welche den Unbefangenen berücken konnten, bedurfte sein Geist kaum einer Vorbereitung zu dieser Absicht. Seine Besorgniß, daß Graf Meinhard wahrscheinlich bald nach Uttenheim zurück kehren, und ihm jede Möglichkeit nehmen dürfte, sein teuflisches Vorhaben auszuführen, weckte seine Aufmerksamkeit, und erinnerte ihn an die Nothwendigkeit, ungesäumt irgend einen Plan zu entwerfen, um zu seinem Zwecke zu gelangen.

In dieser Absicht entdeckte er sich der Frau von Tourneville; welche voll Erbitterung wegen des Kaltsinns, den die Familie gegen sie hatte blicken lassen, und voll Hoffnung, des Grafen Hermann Achtung durch Beförderung seiner Wünsche in einem Unternehmen zu gewinnen, welches sie anfang als bloße Laune betrachtete, augenblicklich bereitwilligen Antheil an dem Plane nahm, welcher auf Zerstörung ihrer Glückseligkeit angelegt war.

Sie machte, in dieser Hinsicht, der Gräfin Adelheid ihre Aufwartung, und erbat sich deren Gesellschaft, mit ihren jungen Freundinnen, bei einem Balle, welcher in ihrem Hause, bei der Karnevalfeierlichkeit gegeben werden sollte; zugleich bat sie, sie möchten diese Veranstaltung dadurch ehren, daß sie in Masken, nach der Gewohnheit der Jahreszeit, erschienen.

Die Gräfin, deren Klugheit ihr das Unschickliche vorstellte, diese Einladung anzunehmen, wurde endlich durch die ernsthaften Bitten ihrer Tochter überstimmt, deren kleines Herz sich nach dem Genusse dieser neuen Auftritte von Vergnügung und Reizen sehnte. Therese, deren Mißbehagen gegen Frau von Tourneville stündlich zunahm, suchte mit aller Sanftmuth Kunigunde zu bewegen, von dieser Unterhaltung abzustehen; aber ihre Bemühungen blieben fruchtlos.

Der Abend des täuschenden Vergnügens erschien. Der Graf, dessen edles Gemüth noch nicht mit der ungefälligen Handelsweise bekannt war, welche sich weigert, Glückseligkeit zu verbreiten, auch wenn die Möglichkeit dazu vorhanden ist, war ohne Schwierigkeiten dahin zu bringen, daß er seine Einwilligung gab. Die Einladung wurde angenommen, und alle Anstalten wurden gemacht, um auf der einen Seite mit Schönheit zu prangen, und auf der andern Verstellung auf das höchste zu treiben.

Zwölfter Abschnitt.

Jedes Zimmer in dem Hause der Frau von Tourneville war mit Ueppig-keiten angefüllt, um das Auge zu ergötzen, und die Sinnlichkeit zu befriedi-gen. Um seine Absicht zu verbergen, bewillkommte Graf Hermann die Familie mit kalter Zurückhaltung, welche an Roheit grenzte. Der würdige Graf Meinhard konnte seine Verachtung und seinen Unwillen nicht unter-drücken, welches von Hermann zwar bemerkt, aber auch in dem Augenbli-cke über dem befriedigenden geheimen Bewußtseyn vergessen wurde, daß er ein Gift zu seinem Verderben in Bereitschaft habe, welches ihm voll-kommene Rache verschaffen würde.

Prinz Maximilian widmete jeden Augenblick dieses Abends der Unter-redung mit Therese; seine Achtung, die schonende Behutsamkeit in seinem Betragen, überzeugte sie, daß wenn sie auch nicht der Gegenstand seiner Zuneigung wäre, sie gleichwohl seine Achtung in ihrem vollsten Umfange genösse.

Fürst Wolfgang, dessen Eifersucht durch Theresens liebenswürdige Ge-fälligkeit gereizt wurde, suchte durch Lächeln und allerhand Einfälle ihre Eitelkeit zu kränken. Die Erinnerung an den Vorfall in Bertha's Hütte deckte ihre Wangen mit Schaamröthe. Der Fürst, welcher jeden unrühmli-chen Vortheil von ihrer Verlegenheit zu benutzen trachtete, fragte sie, nach einer stolzen Verbeugung – ob die glänzenden Gesellschaften der Haupt-stadt gleichen Werth für sie mit den erquickenden Schatten Uttenheims hätten? Ihre Erbitterung verrieth sich durch einen Blick des Unwillens, welchen der Prinz mit Befremden bemerkte.

„Zuverlässig, sagte er, – liebenswürdige Therese, war nicht in der Frage des Fürsten enthalten, was einen so strengen Tadel veranlassen konnte." –
–
Weil sie diese Art von Unterhaltung nicht länger auszuhalten vermoch-te, und in der Vermuthung stand, der Prinz sey von ihrer Unbesonnenheit benachrichtigt worden, so bat sie die Gräfin Adelheid, sie möchte den Vor-schlag thun die Gesellschaft zu verlassen, wobei sie zugleich etwas unbe-hutsam ihr Misbehagen an den Verfolgungen des Fürsten äußerte

Die Gräfin meldete diesen Umstand dem Grafen Meinhard, welcher sich mit ihr in dem Urtheile vereinigte, daß dieser Vorfall als eine starke

Bestätigung ihrer ehemaligen Vermuthungen in Bezug auf die Anhänglichkeit des Fürsten gegen Therese, anzusehen sey.

Die Gesellschaft fing jetzt an, aus einander zu gehen; der Graf, welcher der tändelnden Koketterie des einen Geschlechts, und der mühsamen Heucheley des andern, von Herzen überdrüssig war, schickte sich mit Freuden zur Abfahrt.

Graf Hermann, welcher wie ein verhungerter Tiger auf seine Beute lauerte, folgte ihnen bis an die Thüre; ging sodann unbemerkt vorbei, und nahm seinen Standort an der Ecke der Straße, wo zwei zu dieser Absicht gedungene Schurken auf seine Zeichen zum Anfange ihrer teuflischen Gewaltthätigkeiten warteten. Ein vorgeblicher Streit erregte die Aufmerksamkeit der wenigen Fußgänger, welche zu einer so späten Stunde hier vorbei gingen. Graf Meinhard ließ seinen Wagen halten, und stieg ab, um sich nach der Ursache des Kampfs zu erkundigen. Kaum hatte er die Frauenzimmer außer Schutz gelassen, so griff ein verlarfter Räuber nach Kunigunde, riß sie aus den Armen der Gräfin Adelheid, und war im Begriffe, sie im Triumphe weg zu tragen; ihr gellendes Geschrey beunruhigte den Grafen; er eilte ihr zu Hülfe, und zog gegen den kühnen Schurken; der Elende wurde verwundet, und verließ augenblicklich seine Beute. Kunigunde fiel sinnlos auf das Pflaster; und die tiefen Flüche des niederträchtigen Unbekannten halfen zu der Entdeckung, daß es kein andrer war, als – Graf Hermann von Usingen.

Der Degen des Grafen Meinhard war ihm leicht durch die Hüfte gefahren, und ließ ihm Kräfte genug, um sich wider seinen Gegner zu wenden. Von Unwillen, sich besiegt zu sehen, neu belebt, stürmte sein Arm hervor. Der Schutzgeist, welcher über der unbefleckten Tugend schwebet, bebte vor Grausen bei dem Anblicke des Dolchs des Meuchelmörders zurück, unterdessen daß die vergiftete Spitze desselben den Busen des würdigen Meinhard durchbohrte.

Der Prinz, welcher von dem Auflaufe Nachricht erhalten hatte, kam noch zur rechten Zeit, um den Grafen Hermann in Verwahrung bringen zu lassen. Nachdem er ihn hatte binden helfen, überlieferte er ihn den Händen seiner Hausbedienten, mit dem Befehle, ihn augenblicklich zum Gefängnisse abzuführen.

Der unglückliche Graf Meinhard wurde von seiner bestürzten Familie nach Hause gebracht; der Prinz kniete im Wagen, und unterstützte ihn mit der zärtlichsten Aufmerksamkeit.

Um sieben Uhr am folgenden Morgen athmete Graf Meinhard seinen letzten Seufzer; und verließ seine betrübte und schutzlose Familie vom Kampfe der Verzweiflung ganz übernommen.

Eine Stunde vor dem entscheidenden Ausgange verlangte er, daß die Gräfin Adelheid, Kunigunde, und seine geliebte Therese, an sein Bett treten möchten; und nachdem er mit vieler Inbrunst ihnen tausendfachen Segen ertheilt hatte, und schon der letzte Schimmer des Lebensfeuers in seinen matten Augen verlöschte, sagte er:

„Ich fühle die Annährung jenes Augenblickes, welcher mir blos schmerzhaft ist, weil er mich von Euch trennt; ich überlasse Euch, meine Kinder, der mütterlichen Sorge und Zärtlichkeit meiner angebeteten Schwester; und bitte Euch, nicht allzu sehr den Abschied Euers alten Beschützers zu beklagen, dessen Jahre es schon unwahrscheinlich machten, daß er lange bei Euch bleiben könne." –

Dann verlangte er sein Schreibpult, nahm aus demselben einen kleinen Schlüssel von sehr künstlicher Arbeit, und sagte:

„Dieses außerordentliche Stück von Kunstarbeit ist für dich bestimmt, Therese; ich bitte dich, daß du ihn als ein unschätzbares Kleinod verwahrest; ich weiß nicht, wozu er gehört; aber er war das letzte feierliche Geschenk von –"

Hier stammelte seine Stimme; sein Blick zeigte; daß die kalte Hand des Todes die bebenden Nerven seines Herzen gefasst hatte; in stillem Kampfe erhob er seine verbleichten Hände, und schloß die Augen – auf immer!

Therese sank in unausprechlicher Betrübniß an seinen Busen. Die Gräfin Adelheid wurde von diesem Auftritte des Jammers in einen Zustande von Fühllosigkeit weggeführt, und von ihrer trostlosen Tochter begleitet.

Therese umfasste den Leichnam ihres angebeteten Beschützers in stummer Verzweiflung; badete seine welken Wangen mit Strömen von Thränen, und heftete ihre starren Augen auf die leblose Gestalt dessen,

welcher ihr ein Freund, ein Vater gewesen war! – Endlich ergriff das grausenvolle Gefühl ihrer Lage ihr zerrüttetes Gehirn; der Schrey des zuckenden Kampfes erweckte sie aus ihrer Jammerbetäubung, zu den nagenden
Quaalen vergeblichen Kummers!

Mehrere Tage verstrichen in dem höchsten Grade von Betrübniß. Die
Hütte des edeln Meinhards wurde neben seinen berühmten Vorfahren in
der Familiengruft beigesetzt, unter Thränen und Seufzern eines zahlreichen
Volkes.

Dreizehnter Abschnitt

Graf Hermann von Usingen, welcher in ein Staatsgefängniß war gebracht worden, gab sich alle mögliche Mühe, eine Milderung der harten
Strafe zu bewirken, welche seine Verbrechen von dem beleidigten Himmel
verlangten.

Frau von Tourneville, deren Ruf durch die Niederträchtigkeit ihres ver-
trauten Gesellschafters beträchtlich gelitten hatte, versuchte mit der eifrigs-
ten Freundschaft alle mögliche Mittel, um die Hand der sicheren Gerechtigkeit zurück zu halten. Eine Botschaft von der Polizey machte indessen
ihrer Vermittlung durch die Nachricht ein Ende, daß wenn sie in ihrem
vorgeblichen Bemühen, einen so großen Verbrecher zu entschuldigen,
fortführe, sie sich den Verdacht einer Theilnahme an seiner Schurkerey
zuziehen würde.

Der elende Mörder, welcher jetzt den Quaalen eines schuldbewußten
Gewissens, innerhalb der Felsenmauern eines unterirdischen Gewölbes
überlassen war, aus welchem er unmöglich fliehen konnte, schickte auf
weises Anrathen seines Beichtvaters, den folgenden Brief an die betrübte
Gräfin Adelheid.

„Mit einem Gemüthe, welches von allen Quaalen hoffnungslosen Elendes gefoltert wird, mit einer Hand, welche noch von dem Blute des tugendhaften Meinhards gefärbt ist, wagt der Allerunglücklichste, welcher
jemals die Pestluft eines Kerkers einathmete, sich an Euch zu wenden. Ich
flehe nicht um Euer Mitleid; ich will auch nicht die Reinheit Euers großmüthigen Herzens durch aufgedrungenen Bitten der Verzweiflung entwei-
hen. Die Seele, welche unter dem Drucke der äußersten Strafwürdigkeit
arbeitet, findet ihren einzigen Trost in dem wohlthätigen Vorrechte, daß sie

ihre Geheimnisse vor dem Throne dessen enthüllen darf, welcher allein sie beruhigen kann.

„Zu mühsamen Arbeiten ländlicher Dunkelheit erzogen, dürfte es befremdend scheinen, daß mein Gemüth, seit meiner frühsten Jugend, von zügellosen Trieben der Ehrfurcht erfüllt war. Ehe ich die Jahre der Mannbarkeit erreicht hatte, wurde ich auf meinem Wege an dem Ende eines Waldes, in welchem ich seit der Stunde meiner Geburt gelebt hatte, durch das Geräusch einer Kutsche an die Straße gelockt, welche sich zwischen den Bäumen öffnete. Ich entdeckte bald, daß ein Jüngling von ohngefähr siebzehn Jahren, und von vornehmen Ansehen, sich in derselben befand. Seine Miene verrieth die Großmuth seines Herzens, und der vorzüglich feine Geschmack seiner kleinen Equipage machte den Eigenthümer derselben als eine Person von nicht geringem Stande kenntlich.

„Da er still hielt, um auszuruhen, – denn die Witterung war schwül, und der sandigte Weg äußerst ermüdend für die Pferde, – so näherte ich mich dem Kutschenschlage, und bat in flehendem Tone um ein Almosen. Wegen meiner anständigen Kleidung äußerte der Jüngling sein Befremden wegen meiner Armuth, und fragte sehr gefällig, in welche Gegend des Landes ich zu reisen gedächte? Ich erwiederte, da ich weder Verwandte noch Freunde hätte, so wäre ich entschlossen, in München Dienste zu suchen. Bei meinem äußerlichen Anstande, und bei der offenen Unbefangenheit meines Betragens, wurde der leichtgläubige Jüngling für mich eingenommen; er befahl mir, auf seiner Kutsche hinten aufzusteigen, und nahm mich in die Staat mit. Er war aus Ungarn gebürtig, aus einer vornehmen Familie, und war im Begriffe, zu seinem Vergnügen und zu seiner Bildung eine Reise nach Italien zu machen. Er nahm mich in seine Dienste; er übertrug mir die Sorge für sein Eigenthum, und machte mich zum Vertrautesten seiner geheimsten Gedanken. In wenigen Monaten kamen wir nach Neapel. Seine Güte kannte keine Grenzen; aber leider! kann Dankbarkeit ein Herz nicht rühren, welches durch lasterhafte Neigungen verhärtet ist. Ich will Euch nicht mit einer langweiligen Geschichte meines abscheulichen Lebens belästigen. Herr von Kraniczky verbrachte öfters mehrere Tage mit angenehmen Spazierfahrten auf der See; ich war beständig sein einziger Begleiter, die Schiffer ausgenommen, welche die kleinen Fahrzeuge bei solchen Gelegenheiten führen. Bald fuhren wir nach Sicilien herüber, bald hielten wir uns an die Grenze des Vesuvs.

„An einem verhängnißvollen Abend, als der Mond seine bleiche Sichel zwischen die gefleckten Wolken hing, bei einer so stillen Luft, daß das ruhige Meer kaum von ihrem leisen Hauche erzitterte, wandelte ich auf dem Verdecke mit meinem großmüthigen Beschützer, als plötzlich der Feind sich meiner Seele bemächtigte, und mit unsichtbarer Macht meinen Arm lenkte, daß ich ihn aus seinem Gleichgewichte brachte. Ich hörte, wie sein Körper in das Wasser stürzte; ich sah, bei dem schwachen Lichte, wie der Kreis, welchen er machte, sich auf der Fläche des Meers erweiterte, bis es seine vorige Heiterkeit wieder annahm. Jeder an Bord hielt diesen Umstand für Zufall. Ich kehrte noch in dieser Nacht nach Neapel zurück, wo ich alles, was ich an Geld und Juwelen finden konnte, in Sicherheit brachte. Seine Eltern, welche bald von seinem Tode Nachricht erhielten, beweinten zärtlich seinen Verlust, und erzeigten mir tausend Verbindlichkeiten, weil ich der Liebling ihres Sohns gewesen war.

„Ich verließ bald hernach Italien, und machte mich auf den Weg nach Baiern, unter dem erborgten Titel eines apanagirten Grafen von Usingen. Ich wurde in die besten Gesellschaften, bei meiner Ankunft in München, als ein vornehmer Deutscher, aufgenommen. Frau von Tourneville beehrte mich mit ihrer Achtung; und ihr Schutz war ein hinlänglicher Paß, um in die größten Kreise gelassen zu werden.

„Hier muß ich über ein Leben voll rastloser Ehrsucht und sträflichen Genusses den Schleier der Vergessenheit werfen. – Schande ist die beständige Gefährtin des Frevels; und der Elende, dessen Räubereien auf wenige kurze Jahre unbemerkt bleiben, wird von der Hand der Rache blos gespart, um die volle Strafe für seine Verbrechen zu leiden.

„Für mich verlange ich nicht eine einzige Thräne des Mitleids; aber ich beschwöre Euch, erbarmet Euch des Elends einer bejahrten Mutter. Wenn der Himmel ihrer geschont hat, um den bittern Kelch zu trinken, so wohnt sie noch in dem Uttenheimer Forste, wo Bertha's Hütte von jeher als der Wohnsitz der Tugend bekannt war. Eurer Güte empfehle ich sie, und bitte ernstlich, daß sie niemals Nachricht erhalte von dem Schicksale ihres unglücklichen und strafbaren Sohns,
Herrman Thorenberg." –

Wenige Tage später, als dieser Brief geschrieben war, wurde der Verbrecher zu einer ewigen Gefangenschaft verurtheilt. Frau von Tourneville entfernte sich, vor Verdruß über das Schicksal ihres Freundes, eiligst in ein benachbartes Land, wo sie nach einigen Jahren, unbekannt und unbeweint, ihr Leben endigte.

Die Burg Uttenheim, und das dazu gehörige große Gebiet, kam jetzt an eine andre Familie. Der verstorbene Besitzer, Graf Meinhard, hatte durch seine Prachtliebe und Freigebigkeit sein eigenthümliches Vermögen so geschwächt, daß er wenig zu hinterlassen hatte. Die Gräfin Adelheid erbot sich, ihre geringe Einnahme mit ihren Gefährtinnen im Kummer zu theilen; und da der neue Besitzer von Uttenheim die Uebergabe nicht vor Verlaufe eines Jahres fodern konnte, so beschlossen sie, diese Zwischenzeit dem beständigen und trauervollen Andenken ihres verlornen Beschützers zu widmen.

Vierzehnter Abschnitt.

Der Winter war jetzt weit vorgerückt; die rauen Winde umsausten den kahlen Gipfel der Berge; der Blätterschleier war dem gefärbten Busen der Natur von Stürmen entrissen und verweht; und das tiefe Thal zeigte dem einsamen Denker eine öde Leere allgemeiner Weiße; jeder seichte Bach, welcher in krummen Gängen seinen Lauf über Kiesel genommen hatte, war in Eisfesseln gebunden, sein Weg gehemmt, und sein heller Strom in Schwermuthsstille erstarrt. Das gefiederte Chor, welches nicht länger seine weichen Kehlen zu melodischen Gesängen stimmte, saß traurig auf den entlaubten Zweigen, oder pickte an den Waldbeeren, welche die Verwüstungen des unfreundlichen Himmels zum dürftigen Unterhalte für die kleinen Kostgänger der Natur geschont hatte. Hier und dort fand auf der schneebedeckten Erde ein gefiedertes Opfer sein unbeflecktes Grab! Das muntere Eichhörnchen kroch jetzt fast verhungert in die Höhlung eines bejahrten Baums, unter dessen reichem Gewölbe es noch kürzlich fütterte, bis der Hunger durch das üppige Mahl gesättigt war. Die Thiere des Waldes lauerten auf Beute; jedes suchte Raub, und keins war befriedigt.

Nachdem der letzte Zoll der Zärtlichkeit der Hütte des verstorbenen Grafen Meinhard entrichtet war, bereitete sich seine liebenswürdige und trostlose Trauerfamilie zur Abreise nach dem Forste. Eifrig wünschten sie, ihren Kummer in Einsamkeit zu vergraben, aber fürchterlich dünkte ihnen der Kampf, welchen das Andenken an vorige Freude unvermeidlich veranlassen würde. Sie wußten sehr gut, wie viel seine Gesellschaft zu ihrer Glückseligkeit beigetragen, – daß sie seine Lebhaftigkeit und gute Laune die Eintracht bei ihren Sommervergnügungen erhalten, und beständigen Sonnenschein über ihre Wintertage verbreitet hatte, welche jetzt, bei dem Verluste ihrer einzigen Reize, langweilig und lästig erscheinen dürften. Sie betrachteten sich als neugeschaffene Wesen, welche auf Felsen und Treibsand einer ungestümen Welt geworfen wären, ohne einen Steuermann, welcher sie zu dem Hafen der Ruhe führte.

Die Veränderung in ihren Geldumständen und die nothwendige Einschränkung ihrer glänzenden Haushaltung, würde minder erhabene Gemüther, als die ihrigen waren, betrübt haben; aber sie wußten, wie sie den vergänglichen Genuß der Hoheit verachteten; und mit Dankbarkeit gegen den Himmel sich des lauteren Gefühls ihrer Rechtschaffenheit und Tugend erfreuen sollten.

Fürst Wolfgang machte sich die schmeichelhafte Hoffnung, daß er durch den Tod des Grafen einen völligen Triumph über die schöne und unbefreundete Waise erhalten werde. Er wartete nur, bis der Wohlstand ihnen erlaubte, Trauerbesuche anzunehmen, um seinen Angriff zu beginnen. Als eine Einleitung schrieb er einen Brief an die Gräfin Adelheid, in welchem er in den rührendsten Ausdrücken, den Verlust beklagte, welcher sie getroffen hatte, und zu gleicher Zeit sich bei ihr Erlaubniß ausbat, ihr persönlich seine Ehrfurcht bezeigen zu dürfen.

Die Gräfin, welche fest glaubte, daß der Fürst eine ernsthafte und rühmliche Neigung gegen Therese hege, blickte, mit der anmuthsvollen Hoffnung, dem Enstehen einer glänzenden und dauerhaften Verbindung entgegen; sie betrachtete diese Aussicht als vorzüglich tröstlich in einem Zeitpunkte, wo Therese allen Kränkungen ausgesetzt war, welche der zur Armuth herabgesunkenen Tugend von der übermüthigen Leidenschaft und von dem kleingeistigen Stolze zu wiederfahren pflegt.

Prinz Maximilian, dessen aufrichtige Neigung gegen Therese durch die zarte Empfindung simpathetischen Mitleids geweckt wurde, suchte zu wiederholtenmalen, Einlaß in die Wohnung des Trauerns zu bekommen; seine Besuche wurden täglich durch schriftliche Erkenntlichkeitsbeweise erwiedert; und nach Verlauf von drei Wochen schieden sie zum letzten Male von München, und von allen unglücklichen Gelegenheiten zu zerstörenden Ausschweifungen.

Sie nahmen den nämlichen Weg, welchen sie auf der Herreise genommen hatte; aber wie verändert, wie traurig erschien jeder Gegenstand! Die schwachen Spuren vergangener Auftritte brachte jene erhabene Wonne in Erinnerung, welche sie in den erbaulichen Gesprächen, und unter dem Schutze ihres für sie mehr als Vater gewesenen Meinhards genossen hatten. Alle seine einnehmenden Tugenden, seine erhabenen Eigenschaften erschienen mit verdoppeltem Glanze vor dem schimmernden Auge der zärtlichen Rückerinnerung.

Selten wissen wir einen geliebten Freund hinlänglich zu schätzen, als bis das Schicksal uns auf immer des Glücks beraubt hat, welches wir genossen; dann sehen wir auf die Unvollkommenheiten der menschlichen Natur mit schonendem und leidenschaftsleerem Auge zurück, unterdessen daß jede vortreffliche Eigenschaft sich mit neuem und wiederstrahlendem Glanze dem Gedächtnisse aufdringt. Es ist eine tröstliche Bemerkung, daß jene unbedeutenden Fehler, zu welchen auch die Weisesten bisweilen verleitet werden, selten lange nach ihrem Tode in Erinnerung bleiben; da hingegen ihre Tugenden einen bleibenden Eindruck selbst auf die Gemüther derjenigen machen, welche ihnen ihren Beifall verweigerten, da sie in ihrer vollsten Stärke ausgeübt wurden.

Einladungen von mannigfaltiger Art, waren der Gräfin Adelheid und deren Familie, von dem lebhaften und flüchtigen Theile ihrer Bekanntschaft, vor ihrer Abreise, unter der ungereimten und gemeinen Vorstellung, die Wolken des Unmuths durch den hellen Schimmer glänzender Vergnügungen zu zerstreuen, zugeschickt worden. Daß das düstere Gewand der Trauer nur allzu oft einen von jedem feinen Gefühle entblößten Busen deckt, ist gewiß; aber die wirklich empfindsame und weiche Seele, läßt es nicht bei dem bloßen Bilde des Kummers bewenden; der lockere Schatten einer Bekleidung kann die Empfindungen eines wichtigen und blühenden Kummers weder vermehren noch vermindern; herzinnige und unverstellte Betrübniß wendet sich mit Widerwillen von dem erborgten Gepränge stolzer Trauer, unterdessen daß sie eine geheime Wonne genießt, welche dem verhärteten und fühllosen Gemüthe niemals zu Theile werden kann!

Die erste Tagreise zeigte nichts als ein trauriges Leere verwüsteter Natur. Die Thäler waren wegen der ungeheuern Haufen von Schnee fast unzugänglich, welchen die Wirbelwinde von den anliegenden Bergen zusammengewehet hatten.

Sie kamen am Abend an ein kleines und elendes Posthaus, einige Meilen von München. Da die Schatten der Nacht heran rückten, so hielten sie es für unvorsichtig und unsicher, sich über die Berge, welche Tirol begränzen, zu wagen, sie entschlossen sich lieber, ihren Aufenthalt in einer unbequemen Herberge zu nehmen, als sich in Gefahr zu setzen, sich im Schnee zu verlieren, oder bei der rauen Witterung der Jahreszeit umzukommen.

Eine düstere Stille herrschte während des ganzen Tags; vergebens suchte der Blick der Rückerinnerung die Spuren von den gewölbten Schatten der Mirthenbäume, von den Linden- und Kastanienalleen, die sonneverbrannte Bauerknaben mit ihren frölichen Jungfern, welche sonst vor dem Zuge hertanzten. Vergebens horchte das täuschende Ohr auf ihre rohen Gesänge, und klimpernden Zittern, – auf die Waldmelodien, und auf das sanfte Murmeln der rieselnden Ströme; die Hügel welche von den Wiegen ihrer Laubgewölbe, wenn die Sonnenlüfte sie fechelten, fast in Bewegung zu gerathen schienen, verbargen jetzt ihre kahlen und traurigen Gipfel hinter flockigen Wolken. Jede kleine Hütte, welche ihr bescheidenes Dach längst dem Forste hervorstreckte, war mit Schnee bedeckt; und alle Freuden der Natur schienen in allgemeiner Trauer versunken.

Endlich erreichten sie den niedrigen Zufluchtsort, wo der müde Wanderer Schutz, und der Wohllüstige Unterricht in der Demuth findet. Die elenden und einfachen Gerichte, welche die Jahreszeit lieferte, wurden aufgetischt; aber sie hatten sich an Kummer gesättigt, bis das Herz erlag.

Sie nahmen keine andre Erquickung, als welche ihnen die Ermüdung in unterbrochenen Schlummer erlaubte, und welche der erschöpfte Körper bisweilen unter den härtesten Angriffen tobender Schmerzen, oder des noch peinvolleren Elends eines Seelenkampfes genießet.

Funfzehnter Abschnitt.

Die schwache Dämmerung zog ihren grauen Schleier über die traurige Aussicht, als sie ihre zweite Tagreise begonnen. Die Gräfin Adelheid war in stillen Kummer versteckt, unterdessen daß ihre jüngeren Freundinnen ihre Thränen hinter ihren Schleier verbargen, und sich ganz den klagenden Tönen der Wehmuth überließen. Nachmittag erreichten sie den Fuß eines ungeheuren Bergs, über welchen sie ihren Weg zu nehmen genöthigt waren. Die müden Thiere begannen die beschwerliche Höhe hinan zu steigen, und setzten in jedem Augenblicke das Leben der Reisenden in Gefahr, indem sie auf dem rauen Wege niederfielen. Durch mühsame und wiederholte Anstrengungen, kamen sie, ohngefähr auf der Hälfte des Bergs, an eine kleine Herberge, wo ein alter Schäfer ihnen getrocknete Früchte, und Wein von der ärmlichste Gattung vorsetzte. Gern theilten sie mit ihm seine geringe Mahlzeit, und setzten, nach einer dankbaren Belohnung, ihren Weg weiter fort.

Nachdem sie unzählige Hindernisse überwunden hatten, erreichten sie den Gipfel; und als sie anhielten, um auszuruhen, bemerkten sie einen ehrwürdigen Mann, in ein Pilgergewand gekleidet. Sein Stab stützte seine schwachen Glieder, und seine Queertasche schien dürftig bestellt zu seyn. Seine Miene war das Bild des sanften Dulders; sein weißes Haar hing wie Silberfaden über seine gebückten Schultern, ausgenommen wenn der rauhe Wind es nöthigte, seine runzlichten Wangen zu beschatten. Sein Hut war abgetragen und durchlöchert; – kurz, er glich der verwitterten Eiche, welche auch in ihrem Sturze majestätisch ist. Er erhob seine Augen, welche ernstes Nachdenken zur Erde gebeugt hatten; – er verneigte sich ehrfurchtsvoll; machte dann das Kreuz über seine ächzende Brust, und setzte seinen Weg, in tiefsinnigem Kummer fort.

Therese lüftete ihren Schleier vor brennender Bekümmerniß, und rief: „Armer Pilger! du wanderst durch ein Thal des Elends, unbekannt und unbefreundet; wenn ein Herz so fühllos ist, daß es dir vorbei gehen kann, ohne dir einen Seufzer zu zollen, so müsse es deine Leiden, ohne deine Ergebenheit, erfahren!" –

Er wurde bald von den Reisenden überholt; sie ließen anhalten, und in einer Sprache, welche das fühlende Herz jedes Mal über die Lippen bringt, wenn sie mit dem Unglücklichen reden, baten sie höflich, er möchte ihnen sagen, ob sie ihm einen Dienst erzeigen, oder die Fortsetzung seiner Reise durch ihre Gesellschaft ihm erleichtern könnten.

„Mein Bedienter – sagte die Gräfin Adelheid, – kann sich hinten aufsetzen, so lang als diese Station dauert; vielleicht könnt Ihr von seinem Maulthiere Gebrauch machen." –

„Großmüthige Frau, – erwiederte der ehrwürdige Alte – „ich muß Euch für Eure edle Aufmerksamkeit danken; aber leider! kann ich eure Güte nicht benutzen; die Demuth des busfertigen Elends darf nicht nach dem Balsam des Trostes streben wollen; ich bin mit dem Kummer vertraut geworden, und würde einen Stillstand meiner Betrübniß kaum ertragen können; ich habe keinen Freund, welcher meine Abwesenheit beseufzet; – keine Verwandten, welche über mein Mißgeschick trauern; die warmen Leidenschaften früher Tage sind durch den Frost des Alters gefesselt; Armuth hat längst den Genuß des Lebens mir verweigert, und ewige Buße kann allein seine Fehler wieder gut machen." –

Hier wendete er sich seitwärts, um eine unwillkührliche Thräne zu trocknen, welche der harte Druck des reulosen Gewissens seinem gedrängten Herzen entriß; dann bat er um Verzeihung, daß er sie so lang aufgehalten habe, ergoß seine Seele in brünstigen Segenswünschen, und blieb auf seinem Stabe rasten. Sie gingen vorüber, und verloren ihn, bei der Krümmung des Wegs, bald aus dem Gesichte.

Theresen Augen entrichteten den Zoll der Empfindsamkeit bei der kunstlosen Erzählung des Pilgers.

„Ist es möglich, – sagte sie, – daß ein einziges Verbrechen seine schwarze Bosheit in einem Gemüthe beherbergen kann, welches so sehr erleuchtet zu seyn scheint? Kann eine Miene, welche von Redlichkeit und Wohlwollen so gezeichnet ist, eine trügliche Larve abgeben, um ein niederträchtiges tückisches Herz zu verbergen? – Unmöglich! – Ich bin gewiß, dieser hoffnungslose Büßende ist minder sträflich, als er bei seiner gewissenhaften Strenge zu glauben geneigt ist. Die Härte, mit welcher er sich selber verdammt, ist der stärkste Beweiß, daß sein Verbrechen verzeihlich ist; denn die Fertigkeit des verworfenen und abgehärteten Frevlers pflegt fast unausbleiblich seine Seele gegen Gewissensbisse zu stählen. Ich wünschte, ich könnte die Geschichte erfahren, und an den Leiden dieses armen Alten Theil nehmen; das von Armuth bestürmte, und zum Grabe hinarbeitende Alter verlangt die Hand des gütigen Mitleids, um die Dornen zu pflücken, welche seinen traurigen Weg besetzen! – Laßt uns suchen, ihm die Würde seines Jammers durch gefällige Dienste der Menschenliebe zu erleichtern! –

Die Gräfin Adelheid kam augenblicklich auf den Gedanken, den Pilger zur Ruhe in Uttenheim einzuladen. – „Dort wird er vielleicht, – sagte sie, – die Geheimnisse seines Herzens aufschließen; aber ich verbiete schlechterdings, daß keine Mittel gebraucht werden, seinem zerrungenem Busen ein Geständniß abzulocken, was sein Gefühl verwunden könnte. – „Sie versprachen, die behutsamste Schonung anzuwenden; und in Hoffnung auf seine Ankunft, verweilten sie unten am Berge.

Er kam ihnen bald nach. Die Gräfin, deren Herz wenig Vorbereitung zur Ausübung von Menschenliebe und Mitleid nöthig hatte, sagte dem Pilger, – wenn sein Weg nach dem Uttenheimer Forste zu führe, so würde er ihnen ein Vergnügen machen, wenn er einige Tage auf der Burg verweilen wollte. – Er dankte ihnen; und versprach, ihre gastfreundschaftliche Einladung anzunehmen, ohnerachtet sein Aufenthalt, wie er sagte, sich blos auf einige wenige Stunden einschränken könne.

Da die Unfreundlichkeit der Witterung ihren Weg langweilig und schwierig machte, so endigte sich der zweite Abend mit Vollendung blos der Hälfte ihrer Reise. Nichts merkwürdiges ereignete sich in der Folge, bis die schwermüthige Gesellschaft die düstere Wohnung häuslichen Kummers erreichte.

Siebzehnter Abschnitt.[1]

Mitternacht war es, als sie in Uttenheim ankamen; der alte Pförtner öffnete das wuchtvolle Thor, welches die Außenmauern schloß, mit trübem Schweigen. Bei dem innern Thore stand der Haushofmeister in der tiefsten Trauer, und begrüßte sie mit einem schweren Seufzer. Die alten Zimmer erschienen kalt und finster, da ihnen jeder Reiz genommen war. Die Tafel wurde zum Abendessen beschickt; aber Er, dessen einnehmende Gespräche sonst jede Mahlzeit belebten, war nicht mehr da.

Theresens Herz klopfte von innerem Kampfe; sie zitterte vor Furcht, ihr Auge möchte dem Blicke der Gräfin begegnen; Kunigunde verbarg ihr Gesicht auf ihren gefalteten Armen an der Ecke des Tisches, und eine feierliche Stille herrschte in dem ganzen Zimmer.

Nachdem die Bedienten einige Minuten in stummer Betrübniß gewartet hatten, so sagte ihnen die Gräfin, sie möchten sich entfernen. Therese rückte ihren Stuhl näher zum Feuer; ihre Gesellschafterinnen folgten ihr bald. Jeder Busen wollte vor Kummer brechen; jedes Auge war von Thränen unterlaufen. – Die Gräfin Adelheid unterbrach die schwermuthsvolle Stille, und sagte:

---

[1] Im Original von 1794 folgt auf „Funfzehnter Abschnitt." sofort „Siebzehnter Abschnitt."bei korrekter Seitenzählung, daher hier so übernommen. Anmerkung der Herausgeberin.

„Wir sind jetzt, meine liebenswürdigen Mädchen, unsers einzigen Trostes, unsers einzigen Beschützers beraubt. Ich habe nicht nöthig, Euch die
Gefahren und Drangsale zu schildern, welchen unser Geschlecht ausgesetzt ist, oder die außerordentliche Behutsamkeit, welche von allen Personen nothwendig beobachtet werden muß, welche von den stürmenden
Auftritten des vergänglichen Lebens Theil nehmen. Die mannigfaltigen
Beispiele, welche Ihr während Euers Aufenthalts in München, von der
Verdorbenheit der menschlichen Natur mit angesehen habt, müssen Euerm Gemüthe unauslöschlich eingedruckt bleiben. Die niedrige Falschheit
des einen Geschlechts, und die widerliche Geringfügigkeit des andern,
geben ein stark abstechendes Bild, in welchem Ihr die Züge der Hälfte der
Menschen wieder finden könnet. Die tugendhafte Einsamkeit, in welcher
Ihr, unter der sorgsamen Aufsicht meines beweinten Bruders, erzogen
wurdet, hat Euch fast zu dem Glauben gebracht, daß Vollkommenheit zu
dem menschlichen Herzen gehöre. – Erfahrung hat Euch von dem Ge-
gentheile überzeugt.

„Das Gemüth des Menschen ist eine Mischung von unbegreiflichen
Neigungen; – Tugend ist oft sein natürlicher Einwohner; aber selten ist der
Fall, daß entweder Eitelkeit, Habsucht, Ehrgeiz, ungeordnete Leidenschaf-
ten, oder nichtswürdige Beschäftigungen, nicht einigermaßen seine Rein-
heit beflecken, und seine glänzendsten Eigenschaften verdunkeln.
„In der Jugend führt die Wärme einer lebhaften Einbildung den frölichen Sterblichen über die blumichten Pfade der Verschwendung, bis Ausschweifung ihn in einen Abgrund hoffnungslosen Elends hinab stürzt.
Vergebens flehet alsdann das sinkende Opfer, welches in dem Wirbel des
Verderbens kämpfet, die mitleidige Hand der Freundschaft, ihn aus dem
Strome zu reißen, welcher ihn überwältigt; wer durch seine eigene Unvor-
sichtigkeit fällt, fällt unbemitleidet; denn das Alter vergißt die Fehler der
früheren Jahre, und Habsucht ertödet die Seele gegen jedes erhabene Gefühl der Menschenliebe.
„Der Karge, welcher unter den Klauen des Geizes zusammen-
schrumpft, und sich nach eben demjenigen sehnt, was er in der That besitzt, aber nicht zu benutzen weis, zittert vor willkührlicher Angst über
angehäuften Schätzen; und im Besitze der Mittel zu jeder Befriedigung,
schmachtet er ein lästiges Leben in Armuth dahin, bis er, verabscheut und
unbeweint, in das Grab hinab sinkt!

„Der vermeintliche Weise unterrichtet mit vielem Gepränge den Betrübten in seiner scheinbaren Theorie; und gibt sich die Miene, als ob er

den seufzenden Muth verachte, welcher dem Sauerblicke des Schicksals mit einem unfreundlichen Auge begegnet. Raubt ihm die Hand des Himmels sein geringstes Glück, so sinkt er unter dem Streiche, und wird eni Opfer der Verzweiflung! –

„Der prahlerisch spottende Gottesläugner, welcher sich in der Blüte seiner Gesundheit fühlt, und im Sonnenschein des Wohlstands badet, höhnt lachend den frommen Schwärmer; erblickt man ihm auf dem Todbette, von krampfhaften Zuckungen erschüttert, so entsagt er seiner vorigen Dreistigkeit, und sein letzter Seufzer ist ein Gebet an seinen Schöpfer!

„Man verstattet dem Auge der Vernunft eine genaue Uebersicht der allgemeinen Bestrebungen der Menschen, und ihrer verderblichen Neigungen. Der Vater scharrt ganze Jahre lang die Mittel zusammen, um die kurzdauernde Verschwendung des Sohnes zu befriedigen. Die zärtliche Mutter schmückt den Liebling ihres Herzens mit allen Reizen der Erziehung, und verschönert ihre Gestalt mit allem geschmackvollem und schicklicherm Zubehör; – vielleicht, um das Auge irgend eines schlauen Verführers zu blenden, dessen Zauberworte ihren guten Namen schänden, und ihre Schönheit einem vorzeitigen Grabe entgegen führen werden. Der Liebhaber verfolgt hitzig die Kokette, welche ihm verabscheut; unterdessen daß der zärtliche Busen, welcher vor liebender Sehnsucht klopft, lang im Dunkeln, verlassen und vergessen, schmachtet.

„Kleine und beschränkte Gemüther sind geneigt, die Besitzer hoher Titel und leerer Vorzüge zu beneiden. Nur Unwissenheit erniedrigt sich bis zur Bewunderung des Flitterwesens, welches gewöhnlich Rang genannt wird; sie erblickt in ihrer Einbildung tausend blendende Reize, welche der geschminkten Stirne künstliche Würde, Schönheit und Ansehen geben. Für den niedrigen Tafellecker, welcher das Brod des elenden Gehorsams, vom Hauche der Schmeicheley vergiftet, isset, sind die Spielwerke der Größe Gegenstände der Anbetung; die Ohnmacht der Kindheit ergötzt sich an jedem Tande; – – aber das erleuchtete Gemüth denkt für sich selber; forscht nach den Lehren unentstellter Wahrheit; wögt auf der richtigen Schale des unbefangenen Urtheils die Rechte und Ansprüche der geistigen Vorzüge; freut sich über die Eigenschaften der Vernunft; und widersetzt sich, mit muthvoller Unerschrockenheit, jeder Neuerung, welche nur im geringsten seine Vorzüge zu schmälern waget. Das Wapenschild hängt häufig vor einem Herzen, welches kein anders zu seiner Vertheidigung hat; – aber Tugend verschmäht die falsche Hülfe, und erhebt ihr Auge über die feile Heerde, – kahl, aber unbefleckt von dem ansteckenden Putze des privilegirten Frevels!

„Das Herz des Menschen ist seine natürliche Herrschaft; – seine Leidenschaften sind seine Unterthanen; und wer diese am Besten zu regieren weis, verdient die Bewunderung seiner Zeitgenossen, und hat Anspruch auf den einzigen Vorzug, auf welchen die Menschheit stolz seyn sollte. Das Gepränge des ruhmsüchtigen Stolzes, und die verschwenderische Vertheilung übel angebrachter Reichthümer, muß unfehlbar den Unwillen des prüfenden und unbefangenen Beobachters rege machen. Reichthum, welcher auf selbstsüchtige und unwürdige Befriedigung haufenweise verschleudert wird, dient blos zu einem niedrigen Mittel, die Verdorbenheit seiner Besitzer zur Schau zu stellen; unterdessen daß ein Herz, welches großmüthig die dürftige Gabe des Glücks mit dem Unglücklichen theilt, – welches die von dem beißenden Hauche der Armuth verwelkenden Keime des Genies auffrischt, – welches das bescheidene Verdienst gegen den Spott übermüthiger Unwissenheit schützt, – ein erhabenes Bild von jener Vollkommenheit darstellt, welche den Menschen bis zur Aehnlichkeit mit der Gottheit erhebt.

„Der ärmste Bauer, welchen die Anstrengung mühsamer Arbeit ermüdet, genießt den stärkenden Einfluß des Schlafs auf dem rauen Kissen ehrlicher Dürftigkeit; da hingegen das Flaumlager den gemästeten Körper, rastlos, und voll Fieberunruhe, trägt; so kann der Knecht mit verächtlichem Lächeln auf den gepriesenen Vorzug seines Herrn herab sehen, und mitleidsvoll die Schwäche des Geistes und des Körpers betrachten, welche die traurige Folge von Ueppigkeit und Unthätigkeit ist. So veränderlich ist das Ebben und Fluthen des Glücks, und so ungewiß sind die Schlüsse des Schicksals, daß wir kaum sagen können, was eigentlich Glückseligkeit genennt zu werden verdient.

„Der freche Triumph des Lasters über die Tugend, – das Mißgeschick, welches häufig die Bemühungen der redlichen Arbeitsamkeit verfolgt, unterdessen daß Verschwendung in den Schooß der Schande überfließt, – sollte uns überzeugen, daß irgend eine unerklärbare Ursache auf alle Triebfedern des großen Systems, durch welches die Seele regiert wird, Einfluß hat; und daß irgend eine wohlthätige Absicht das Ziel jener unbegreiflichen Vorfälle ist, worüber wir zu klagen, und die Vorsehung einer Ungerechtigkeit zu beschuldigen uns erdreisten.

Wenn Euer Nachdenken einen schmeichelhaften Rückblick auf jenen leeren Kreis eingebildeter Vergnügungen thut, welche Ihr bisweilen in der Stadt genossen hattet, und wenn die gegenwärtige Aussicht auf Eingezogenheit, bei der täuschenden Vergleichung, Euch traurig erscheinen sollte, so vernehmt die Stimme der Vernunft, welche Euch zuflüstert, daß, wenn Ihr nicht gleich an den lebhaften Auftritten des schimmernden Glanzes Theil nehmt, Ihr doch wenigstens gegen die Gefahren des öffentlichen Lebens gesichert, und von dessen Elende frey seyd.

„Mit diesen tröstenden Gedanken, hoffe ich, werdet Ihr Euch ohne Murren den einfachen Vergnügungen der Einsamkeit unterwerfen, und über dem löblichen Bestreben nach Geistesvollkommenheit die vergänglichen Reize vornehmer Thorheit vergessen." –

Therese welche in ihren Gesinnungen genau mit der Gräfin Adelheid übereinstimmt, bekannte sogleich die Wahrheit und Schicklichkeit ihrer Ermahnungen. Sie stand auf, umarmte ihre zärtliche Lehrerin, und sagte:

„Nie werde ich im Stande seyn, hinlänglich Eure Güte zu vergelten; aber Euer Unterricht soll mir in das Herz geschrieben seyn; und jede Handlung meines Lebens soll durch Euern Rath geleitet werden." –

Kunigunde erwiederte nichts; und nach einer kurzen Stille fuhr die vortreffliche Lehrerin in ihrer Rede fort:

„Da wir noch einige Monate unter diesem geliebten Dache zu bleiben haben, so wird es an Zeit nicht fehlen, unsre Entwürfe zu unserm künftigen Vorhaben, mit Klugheit und Vorsicht zu ordnen. Ich bin noch jetzt Eigenthümerin eines kleinen Landguts in der Nähe von Paderborn; es war der Lieblingsaufenthalt meines verstorbenen Gatten; die Wonne, welche er bei Anlegung und Verschönerung dieses süßen Elisiums genoß, war Ursache, daß ich mich niemals davon trennte. Hier wenigstens, meine geliebte Freundinnen, können wir auf ungestörte Ruhe hoffen; Wirthschaftlichkeit wird uns in den Stand setzen behaglich, wenn auch nicht glänzend, zu leben; – wir sind an Eingezogenheit gewöhnt, und haben kürzlich genug von der Welt gesehen, um deren Thorheiten zu verachten." –

„Meine liebe Gräfin, – sagte Therese, ich bin viel reicher, als Ihr denkt; ich besitze manche sehr kostbare Spielsachen, lauter großmüthige Beweise von Euers Bruders Güte; ich nahm sie aus seinen Händen als Pfänder seiner Zärtlichkeit; – stolz war ich darauf, weil es Merkmale seiner Edelmuth waren; sie würden, leider! meiner jetzigen Aussichten, und meinem jetzigem Zustande übel angemessen seyn, ich betrachte mich jetzt als eine Waise, ich will nicht sagen ohne Freunde, so lang als Ihr lebet; Ihr müßt mir Freiheit über diese Dinge lassen; sie werden unser kleines Vermögen um etwas vermehren; und ich kann mich nicht dazu verstehen, euch lästig zu werden, wenn Ihr meinen Vorschlag nicht annehmt." –

Der Gräfin funkelte die Augen von Thränen der Bewunderung und Zärtlichkeit; sie erwiederte:

„Niemals, niemals, mein liebes Kind, sollst du dich von jenen Kleinigkeiten trennen, welche dir von deinem ehrwürdigen Beschützer geschenkt wurden; sie müssen heilig gehalten werden; aber die Größe deiner Seele bricht in neuem Glanze hervor, sobald sich eine Gelegenheit zeigt; ich bewundre deine außerordentlich feinen Gefühle, und das einzige Unangenehme, was ich von diesen jemals verlangen werde, ist ein unbedingtes Stillschweigen über diese Gegenstand für die Zukunft." –

Voll tiefer Eindrücke von dieser Unterredung, begaben sich die jungen Zöglinge zur Ruhe, und die liebenswürdige Gräfin Adelheid zu ihrer gewohnten Andacht.

Achtzehnter Abschnitt.

Therese verließ bald ihr Lager, wanderte durch die gothischen Zimmer der Burg, erkundschaftete jeden Winkel, und versuchte jedes Schloß, in Hoffnung, dasjenige zu entdecken, in welches das letzte Geschenk ihres beweinten Beschützers passen möchte. Vergebens suchte sie, vergebens war sie bemüht, irgend einigen Aufschluß über das verwickelte Geheimniß zu erhalten. Tausendfache Furcht und Hoffnung beunruhigte abwechselnd ihren Busen, mit keinem Scharfsinne konnte nur ein einziges wahrscheinliches Mittel ausfindig gemacht werden, um das Räthselhafte bei jenem Vermächtnisse aufzulösen, welches mit einer so gerührten Zärtlichkeit ihr übergeben wurde; und Neugierde erlaubte ihr nicht, mit ihrem gegenwärtigen Zustande von Ungewißheit befriedigt zu bleiben.

Der ganze Morgen wurde auf unnütze Bemühungen verwendet, mit Ausnahme einiger wenigen Augenblicke sympathetischen Kummers, welche der Fensterschrift gewidmet wurden, deren Zeilen sich in ihrem Herzen eingedruckt hatten. Daß irgend eine traurige Geschichte zum Grunde lag, vor welche die Zeit den Schirm der Vergessenheit gezogen hatte, darüber blieb ihr nicht der geringste Zweifel; und ihre ahndende Seele sagte ihr, daß blos sie das unglückliche Geheimniß enthüllen müsse.

Die Ankunft des Pilgers machte dem Suchen des heutigen Tags ein Ende. Der Haushofmeister hatte ihn in sein Zimmer geführt, wohin sich sogleich die Gräfin Adelheid mit ihren Zöglingen begab, um ihn zu bewillkommen. Mancherlei Erfrischungen wurden im vorgesetzt; aber er verbat die angebotenen Ueppigkeiten. Da die dürftige Nahrung, welche seine Queertasche liefert, beinah erschöpft war, so füllte er sie wieder mit Danken, rückte einen geflochtenen Stuhl in die Ecke des geräumigen Kamins, pries den Himmel, und lächelte zufrieden.

„Geht Ihr noch weiter?" – fragte Kunigunde.

Die Gräfin Adelheid schüttelte den Kopf zum Zeichen ihres Mißfallens.

„Ja, schöne Dame, – erwiederte der Pilger; – ich bin auf dem Wege, meine Andacht in der Kapelle zu Marienzell zu verrichten." –

Kunigundens Neugierde, welche durch den ernsten Blick ihrer Mutter gehemmt wurde, wartete ungeduldig auf fernere Auskunft. Er fuhr fort, und sagte:

„Wenn meine traurige Geschichte Euch belehren, oder unterhalten könnte, so wollte ich sie gern vortragen; aber, leider! wird ununterbrochener Jammer blos Euer Mitleid erregen, ohne Euern Zeitverlust zu ersetzen."

Therese versicherte ihm daß Erleichterung seines Kummers für sie die stolzeste Befriedigung seyn würde; und wenn Mitgefühl ein Balsam für die Wunden des Unglücks seyn könne, so könne er einigermaßen auf Tröstung rechnen, wenn er seine Bedrängnisse mittheilen wolle. –

„Gutherzige Damen, – erwiederte der ehrwürdige Pilger; – ich werde nur Eure Geduld ermüden; wenn es aber Euer Wunsch ist, eine Erzählung des Kummers zu hören, so fühle ich, daß Dankbarkeit und Achtung mich dazu auffordert." –

Die Gräfin Adelheid würde ihn gern entschuldigt haben; aber ihre Neigung wurde von Kunigunde und Therese überstimmt, welche zu beiden Seiten des Pilgers saßen, und mit ängstlicher Neugierde auf dessen Erzählung warteten. Er begann folgenderweise:

„Meine Augen öffneten sich zum erstenmale gegen die Abwechslungen des Lebens in der Stadt Avignon. Mein Vater war General in französischen Diensten; und meine Mutter war das einzige Kind ihrer adlichen, aber dürftigen Eltern. Sie wurden durch uneigennützige Zärtlichkeit vereinigt; und da sich ihre Glückseligkeit auf einander einschränkte, so waren sie gegen die Mißgunst, oder Bosheit der Menschen gesichert. Meines Vaters Vermögen war freilich zur Anschaffung von weltlichen Ueppigkeiten nicht hinreichend, aber durch die Wirthschaftlichkeit und musterhafte Klugheit meiner Mutter wurde es zum Genusse aller Bequemlichkeiten zulänglich.

„Ich war die einzige Frucht ihrer reinen Anhänglichkeit. Meine liebenswürdige Mutter überlebte meine Geburt nur wenige Minuten. Sie umarmte mich, drückte mich an ihren Busen, und übergab ihre sanfte Seele endloser Glückseligkeit; aber, leider! war es ihrem hülflosen Kinde vorbehalten, durch eine Wüste voll Elend zu kämpfen, als ein vorbedachtes Opfer des unbarmherzigen Kummers.

„Mein Vater, welchen sein Geschäft von Avignon abrief, als ich kaum drei Jahre alt war, übertrug die Sorge für meine Erziehung dem Abbè von Versac, einem weitläuftigen Verwandten meiner Mutter. Er war ein Mann, welcher wegen seiner tiefen Gelehrsamkeit und wegen seiner glänzenden Talente, im Rufe stand; er unterrichtete meinen jugendlichen Geist in allen Kenntnissen eines Gelehrten und eines Mannes von Stand. Die Arbeit seiner sorgsamen Stunden wurde durch meine genaue Befolgung der Vorschriften vergolten, welche er mir eindrücklich zu machen wünschte.

„Mein gelehrter und einsichtsvoller Erzieher war ein Ciniker in seinem Betragen, wenn gleich ein Menschenfreund nach Grundsätzen; seine Seele war voll der erhabensten Gefühle des Mitleids und der Großmuth; Schmeicheley betrachtete er als ein schädliches Unkraut, an welchem Thoren sich weiden, und Verständige Abscheu haben. Er verlachte den elenden Stolz, welcher nur allzu oft der Gefährte des Reichthums ist; und betrachtete den Menschen, welcher zu einem erhabenen Range in der menschlichen Gesellschaft geboren ist, als einen, der mit einer unheilbaren Krankheit behaftet ist, von welcher alle diejenigen angesteckt werden, welche sich ihm mit dem Gifte der Falschheit nähern.

„Kann eine Lage wol elender seyn, – pflegte er oft zu sagen, als wenn ein Mensch, bei dem ersten Aufdämmern der Vernunft, sich mit Sklaven umringt sieht, welche sich seinen Launen unterwerfen, seine Thorheiten loben, seine Unvollkommenheiten verbergen, und sein gelehriges Gemüth mit dem widersinnigen Gedanken schwängeren, daß er, weil er hoch geboren ist, auch wirklich hoch und erhaben ist! Der dürftige und schutzlose Handwerker arbeitete von der Jugend bis zum Alter, mit Fleiße und Demuth für seine einzigen Gesellschafter; er fürchtet sich vor Abweichungen von dem Pfade der Redlichkeit; denn er weiß, daß er keinen Titel hat, als seinen guten Namen; er wird angewiesen, sein Herz zu prüfen, und dessen Fehler zu bessern, weil er sich in einem Kreise bewegt, wo die Wahrheit nicht durch Eigennutz geblendet, auch kein voller Beifall der zitternden Zunge der Furcht abgepresst wird; er hat keinen Fuchspelz, um sich gegen beissende Vorwürfe zu schützen, – keine täuschende Maske, um ihn vor dem spähenden Auge der Gerechtigkeit zu verbergen; er kann nicht, gleich dem Besitzer einer weltlichen Macht, über den deutenden Finger des Unwillens lachen, oder den Vasallen mit Füßen treten, welchen die Natur zu seines Gleichen gemacht hat.

„Wisse, – sagte er, – mein kleiner Zögling, du bist zum stolzesten Werke deines Schöpfers geboren! Er gab dir Kräfte, die Würde deines Geburtsrechts zu behaupten, – und Unerschrockenheit der Seele, den überwältigenden Strömen frecher Unterdrückung entgegen zu arbeiten. Suche für dich Vorzüge, und nimm aus jedem Beispiele gesunkener Verdorbenheit einen sittlichen Unterricht. Schmeichle nicht den Schwachheiten der Niederträchtigen und Entehrten; aber versage auch nicht kleinlich den Zoll des Beifalls, wo Vollkommenheit des Herzens ihn von dir fordern. Vor allem bedenke, daß du ein menschliches Wesen bist, begabt mit Kräften des Verstandes, und in einen Garten üppiger Herrlichkeiten gesetzt, welche blos deiner Hand bedürfen, um sie zu deinem Nutzen und Vergnügen anzubauen.“ –

„Solche Vorschriften ertheilte mir der Abbé von Versac; meine Beobachtungen während eines Lebens voll verwickelter Abwechslungen, haben mich unveränderlich von ihrer Wahrheit und Richtigkeit überzeugt.

„In dem Alter von siebzehn Jahren hatte ich eine gute Kenntniß in den Klassikern erlangt, und hatte bereits manche glückliche Aufsätze, als Nachahmung griechischer und lateinischer Dichter, verfertigt. Die Felsen von Vaucluse, welche durch die Begeisterung der Musen geheiligt waren, hatten oft von meinem Morgengesange wiedergehallt; und die himmlische Gestalt der unsterblichen Laura beglückt oft in schwärmerischen Träumen den Schlummer meines Abends.

„Ich fühlte Entzücken, Begeisterung, wenn ich das tiefe Thal durchwanderte, oder unter jenem Lorbeergewölbe, welches der Liebe und Tugend geweiht ist, meinen Gedanken nachhing. Ich wandelte an dem Ufer der holen Bäche, welche einst den treuen Petrarch so lieb waren; ihr Murmeln besänftigte mein gedankenvolles Herz; und wenn ich eine Thräne auf ihre krause Fläche fallen ließ, so genoß ich die innige Wonne, seinem Andenken und seinem Kummer den Zoll des Mitgefühls entrichtet zu haben. Oft warf ich meinen müden Körper auf den Rasen, welcher durch die Fußtritte des wandernden Liebhabers geheiligt war. –

„Dies waren meine glücklichen Augenblicke; – vorübergehend waren sie freilich; denn sie schienen jetzt fast blos Erscheinungen einer verwilderten Einbildungskraft gewesen zu seyn. Die bezwingende Hand des Elends hat fast selbst den Schatten meiner früheren Jahre getilgt; die hellen Täuschungen der glühenden Jugendtage sind in kalte Vergessenheit gesunken, so wie die strahlende Sonne zum Ufer des finstern und trüben Weltmeers hinab sinkt.

„Voll von romantischer Begeisterung, war mein Gemüth wie gelindes Wachs erweicht, und der zartesten Eindrücke empfänglich.

„In der Nähe von Avignon, unter den Schatten eines laubbewölkten Waldes, hat die Andacht seit langer Zeit ihr heiliges Gebet in dem Kloster der heiligen Therese verrichtet; die hohen Mauern waren unzugänglich, ausgenommen am funfzehnten Junius, da bei der Feier des Fronleichnamsfestes die Thore geöfnet werden, und jedem Auge erlaubt ist, die feierliche Begehung der hohen Messe anzusehen.

„Mehr Neugierde, als Eifer, lockte auch mich als Zuschauer herbei; die heiligen Schwestern sungen in der Kapelle des Klosters ihre Wechselgesänge, voll seraphischer Harmonie; die Bogengewölbe hallten die bebenden Töne zurück, unterdessen daß der Dampf von himmlischen Weihrauche um tausend zitternde Kerzen herum wirbelte. Unter den Vestalinnen wurde meine Sinnlichkeit von einer gefesselt, deren Schönheit alles weit übertraf, was ich mir bis dahin unter einem sterblichen Weibe gedacht hatte. Eine süße Schwermuth zeigte sich in unaussprechlicher Sanftheit und vorzüglich regelmäßigen Gesichtszügen; und die milde Röthe unverstellter Bescheidenheit erhöhte die Farbe von schönen und wie Morgensonne strahlenden Wangen. Nach ihrem Alter schien sie erst kürzlich in den heiligen Dienst getreten zu seyn, und jeder ihrer Blicke zeigte, daß sie für die Welt gebildet war, von welcher sie in dem tiefen und freudenleeren Dunkel klosterlicher Fühllosigkeit getrennt war. Ich betrachtete sie mit einer wärmeren, mit einer keuscheren Andacht, als sogar Religion selber mir hätte einflößen können. Ihr Auge begegnete dem meinigen; – tausend kindische Dinge bildete ich mir ein; – meine ernsthafte Aufmerksamkeit schien sie zu verwirren; das Krucifix fiel ihr aus der zitternden Hand; sie stand auf und verließ die Kapelle.

„Ich kehrte nach Avignon zurück. Das Bild dieses in seiner Art einzigen Engels verließ mich niemals; ich erblickte sie in meinem mitternächtlichen Schlummer; ihre Stimme tönte in meinem entzückten Ohre, und weckte mich zu dem ganzen Kampfe der Verzweiflung. Oft wanderte ich aus, wenn die Sonne sich unter den Gesichtskreis gesenkt hatte, um ihre letzten Strahlen zu beobachten, welche die Fahnen ihrer einsamen Wohnung vergoldeten. Oft horchte ich unter den verhaßten Mauern, welche den Schatz meiner Seele umschlossen, um den entfernten und unvollkommenen Schall des Abendgesangs aufzufassen. Ich bildete mir ein, ihre Stimme von jeder andern unterscheiden zu können; und mein Herz hob sich zur traurigen Antwort auf jeden schwellenden Ton.

„Ich blieb verschieden Monate in diesem Zustande des völligsten Elends, als ein Zufall meinem verstörten Gemüthe einen Strahl vorübergehenden Trostes zeigte. Der Abbé von Versac war, aus Ueberdruß gegen die Verdorbenheit der Menschen, in den härtesten Stand heiliger Gelübde getreten, und wurde häufig zu dem frommen Geschäfte eines Beichtvaters bei den Nonnen im Theresenkloster gebraucht. Da er durch plötzliche Unpässlichkeit an seinem gewöhnlichen Berufe gehindert wurde, so ergriff ich die mir dargebotene Gelegenheit, und brachte, als Mönch verkleidet, der Aebtissin des Klosters einen Brief, welcher eine scheinbare Empfehlung meiner Person enthielt, und mich des heiligen Zutrauens und der Beichte für würdig erklärte. Ich wurde bereitwillig in die Zelle der geistlichen Ermahnung gelassen, und das Glück führte die himmlische Louise an den Schemel der Reue.

„Die Reinheit ihres Wandels ließ ihr kaum einen einzigen Fehler zu bekennen übrig; meine Buße war so gelind, als ihre Seele unbefleckt war; ich bat sie, einen Aufsatz durch zu lesen, welchen ich für sie geschrieben hatte, und die in demselben enthaltenen Vorschriften zu befolgen. Sie dankte mir, flehte dann, mit der Stimme der Demuth und Milde, um meinen Segen, und ging.

„Meine Sicherheit erforderte, daß ich mich augenblicklich von den heiligen Mauern entfernte, damit der Betrug nicht entdeckt, und meine Ehre und Hoffnung mit einemmale zerstört würde. Der Vorfall wurde bald öffentlich bekannt, und ich hörte häufig ewige Rache gegen den kühnen Urheber einer so niederträchtigen That sprechen. Die Aebtissin bot eine sehr große Belohnung auf die Entdeckung des heuchlerischen Heiligthumschänders, und jede Zunge stimmte in meine Verdammung ein.

Mein Brief meldete ihr meinen Namen, meinen Stand, und mein Vermögen, welches durch den Tod meines Vaters ziemlich beträchtlich geworden war; ich flehte ihr Mitleid mit meinen Leiden, und bat ernstlich um eine entscheidende Antwort. Ich sagte ihr in der Sprache der Verzweiflung, daß nichts mich verleiten würde, ihren Unwillen zu überleben; und schloß meine schwärmerische Bitte mit der Erklärung, daß ich zehn auf einander folgende Nächte unter den Mauern, welche sie einschlossen, wachen würde, um den Ausschlag meines unwiederruflichen Schicksal zu erfahren.

Neunzehnter Abschnitt.

„In der Dämmerungsstunde des siebenten Tags, da jeder Hauch ruhte, und die Natur in stummer Schwermuth still zu stehen schien, wurde mein Ohr, als ich unter den Bäumen, welche den Kerker meines Abgotts umringten, meinen einsamen Betrachtungen nachhing, plötzlich von dem Gesange einer weiblichen Stimme bezaubert. Ich trat näher an den Ort, von welchem der Ton herkam, und hörte vernehmlich die Worte ihrer Klagen; sie durchdrungen mein Herz, dessen Saiten sich alle zum sympathetischen Mitleid stimmten." –

Therese äußerte den Wunsch, er möchte suchen, sich ihrer erinnerlich zu machen; er gewährte ihr Verlangen, und begann das Lied, wovon der Inhalt folgender war:

„In diesem traurigen und stillen Dunkel, seufzt unbekannt die verlorne Louise; das Schicksal bringt sie in ein lebendes Grab, und der Himmel hört unerbittlich ihr Stöhnen; dennoch soll, mitten unter den finstern Schatten des Jammers, die Thräne des zärtlichen Kummers fließen.

„Jene hohe Mauer, welche meiner Klagen spottet, hallt noch von meinem Abendgebet wieder; der Zephir, welcher das zitternde Blatt fechelt, soll es durch die Luftgebiete hinweg führen, bis es vor dem Throne des Himmels der unbemitleideten Liebe Verzeihung auswirkt;

„Oder, wenn zu endlosem Kummer geboren – wenn zum hinwelkenden Opfer bestimmt, stets seufzen, ohne Freunde, und verlassen, ich seyn soll; ah! dann fließe die Thräne der Religion; gleich heiligem Weihrauch wird sie die Wunden hoffnungsloser Liebe heilen.

„Ihr schwarzen hinsegelnden Wolken, oh! verbergt mich in euern tiefen Schatten; ihr lispelnden Winde, fanget meinen Gesang auf, und führet ihn zu den umliegenden Wäldern; vielleicht dürfte der Fuß irgend eines unglücklichen Petrarch diese traurige Einöde betreten.

„Ah! saget ihm, daß der Wonnegesang der Liebe kein Entzücken gewährt, keine Freude einflößt, wo die Eisfesseln kalter Religion schon längst ihre zitternden Flammen überwältigt haben; kein Strahl des Trostes verguldet das Dunkel, welches das Grab der unglücklichen Vestalin decket!

„Die rothen Perlen meines Herzens glühen nur schwach von Lebenswärme; jede kämpfende Leidenschaft sinkt zur Ruhe; mein frostiger Puls schlägt langsam; bald werden diese matten Augen sich schließen, und das strenge Gebot des Todes wird meinem Jammer das Siegel aufdrücken.

„Dann, wenn der Jungfrauen Morgengesang mitten unter den Bogengewölben erschallet, wird vielleicht der melodische Seraphreigen ein sanftes Mitleid herum flüstern; unterdessen daß die Tugend, über meine Bahre seufzend, eine ungesehene, eine geheiligte Thräne opfert! –

„Von diesem Augenblicke an, beschloß ich, die schöne Louise zu befreien, oder unter den Felsengrenzen ihres Gefängnisses zu sterben. Die mit einer solchen Unternehmung verbundenen Schwierigkeiten, und die fürchterlichen Strafen, welche dem Urheber eines solchen Verbrechens zufallen würden, machten jede Vorsicht nothwendig, um wegen des Erfolgs sicher zu seyn.

„Der Zufall vollendete indessen, was ganze Jahre unermüdeten Fleißes nicht zu Stande gebracht haben würden. Die Aebtissin des Klosters wurde plötzlich von einer bedenklichen Krankheit überfallen; ihr Leben schien in der äußersten Gefahr zu seyn; und da Louise den höchsten Rang unter der heiligen Schwesterschaft hatte, so wurde ihr die ganze Regierung des Klosters, und der unbeschränkte Besitz aller Rechte einer Vorgesetzten übertragen. Unter diesen Umständen war es nicht schwer, ihren Wunsch zu erfüllen; meine Briefe wurden abgeliefert, ohne den geringsten Argwohn zu erregen, und bestimmt war die entzückungsvolle Stunde zu ihrer Flucht aus dem Elende.

„Ihr Herz war der feinsten Leidenschaften empfänglich; sie traute meiner Ehre; und ich habe sie niemals getäuscht. Längst hatte sie sich als ein zu ewiger Einsamkeit bestimmtes Opfer betrachtet; die außerordentliche und unerwartete Veränderung, welche mein Vorschlag ihr darbot, – die Aussicht auf Glückseligkeit, welche sich ihrer Seele öffnete, gab der Hoffnung Kraft, und Stärke zum Entschlusse! Ich sorgte für Pferde, und für schickliche Verkleidung; der Himmel lächelte unsrer Unternehmung, und schenkte meinen wartenden Armen die schöne Louise.

„Wir durchzogen den Wald auf einige Meilen, nahmen unsern Weg gegen Marsaille, und in drei Tagen erreichten wir diesen Hafen in voller Sicherheit.

„Hier wurden wir durch heilige Bande vereinigt. Die Gebieterin über meine Neigungen wurde das Weib meines Herzens; und ich – wurde der stolze Besitzer eines Schatzes, welchen ich für Welten nicht hätte erkaufen können.

„Nachdem wir ein Fahrzeug besorgt hatten, segelten wir nach Florenz; die Winde waren günstig, wir kamen ohne Beschwerden nach Leghorn, und von dort fuhren wir nach der schönsten Stadt auf dem Erdboden weiter.

„Meine angebetete Louise, deren frühere Tage den Pflichten der Religion gewidmet waren, bezeigte nicht das mindeste Verlangen, den Freuden der Einsamkeit zu entsagen; an eine Lebensart der ungestörten Ruhe gewöhnt, fürchtete sie sich, an dem wilden Gewühle der geschäftigen Welt Theil zu nehmen. Wir mietheten eine schöne kleine Villa in der Nähe von Florenz; und beglückt bei dem vollen Besitze alles dessen, was gegenseitige Zärtlichkeit, und geistige Befriedigung gewähren kann, blickten wir mitleidig auf die stolzesten Vorzüge herab, welche irgend ein Erdenmonarch zu ertheilen die Macht hat.

„Drei wonnevolle Jahre der völligsten Glückseligkeit befestigten das Band unabänderlicher Zuneigung, als ein Fest, bei Gelegenheit der päbstlichen Thronbesteigung, die Aufmerksamkeit und Neugierde aller Klassen des Volks weckte.

„Meine Louise bekam Versuchung, an dem Vergnügen Theil zu nehmen; und mitten unter der ergötzendsten Feierlichkeit, da jedes Herz vor Entzücken hüpfte, – erhielt blos das meinige die fürchterliche Bestimmung zu ewigem Jammer.

„Der Fluß war schön heiter; die Silberfläche strahlte, wie ein sanft bewegter Spiegel, die grünen Ufer zurück, welche mit Blumen geschmückt, und mit Zuschauern angefüllt waren. Tausend kleine Boote, mit bunten Wimpeln geziert, sah man längst dem Strome hinab schwimmen; einige hatten die sanfteste Harmonie; und andre warfen von ihren seidenen Segeln einen leichten Schatten auf die funkelnden Augen und Rosenröthe mancher bezaubernden Schöne.

„Meine Louise war von diesem neuen und blendenden Schauspiel ganz entzückt. Unsre Barchetta, welche mit Mirthenkränzen geschmückt war, wurde leise von Jünglingen in arkadischer Schäferkleidung gerudert. Das durch den bezaubernden Anblick zur Ruhe gewiegte Gemüth sunk in jene süße Unthätigkeit, welche, gleich dem Schlummer der erschöpften und ermüdeten Natur, die Kräfte wieder stärkt, und seine Vollkommenheiten zu verjüngtem Glanze wecket. Meine Louise lehnte ihren sanften Körper auf eine Matratze von gelbem Taffet; die Wärme des Abends erhöhte die Glut auf ihrer liebevollen Wange, und überzog ihre Augen mit einem wonnigen Schmachten, welches sie zum Gegenstande allgemeiner Bewunderung machte.

„Mein Herz war voll Entzücken; – ich betrachtete meinen Schatz mit größerer Freude, als die Sprache zu schildern vermag. Die ganze Welt könnte mir nichts höheres geben, als was ich besaß; und meine bezauberten Sinnen konnten sich kaum etwas göttlicheres, selbst in den Gegenden himmlischer Glückseligkeit, denken.

„Wir hemmten unsre Ruder, um die Seele an der vortrefflichen Harmonie zu weiden, welche von der prächtigen Barke herkam, die am Ufer des Flusses vor Anker lag, als plötzlich ein Jüngling, von Riesenbildung und edler Miene, heran stieß, meine geliebte Louise faßte, und sie in seinen Armen an ein Boot unterhalb dem unsrigen brachte.

„Jede Nerve, welche um mein Herz herum bebte, klopfte bei dieser unerwarteten Gewaltthätigkeit; der Fremde übergab seinen Raub der Sorge seiner Gefährten, kam dann auf mich zu, – Blitze der Rache funkelten aus seinen unwilligen Augen; er zog ein Stilett aus seinem Aermel, und zielte nach meiner wehrlosen Brust. Ich wehrte den Streich ab, und wendetet sein zaghaftes Gewehr wieder ihn. – Der Stich traf sein Herz; – sinnlos sunk er zu meinen Füßen.

„Louise öffnete ihre Augen für das ganze Grausen der Verzweiflung und des Todes! – – sie hatte blos Zeit, auszurufen: „Mein Bruder!" – als ihr das Blut von den zuckenden Lippen strömte – sie verbarg ihre eiskalte Wangen in meinen verstörten Busen, und nach wenigen Augenblicken – verschied sie.

„Wahnsinn bemächtigte sich jetzt meines gefolterten Gehirns, und rieth mir zu dem feigen Verbrechen der Selbstvernichtung; aber, gleich einem mitleidigen Cherub, riß die Gerechtigkeit das grausame, von Verwandtenblute noch rauchende Gewehr, aus meinen mörderischen Händen. Ich wurde von den leblosen Opfern der Ungeduld ergriffen und in einen Kerker des Grausens und der Reue geworfen.

„Der Graf von Clairville, der Bruder meines gemordeten Engels, war der einzige Verwandte, welchen das unbarmherzige Schicksal ihr gelassen hatte; – ihr Name ist jetzt verloschen, – aber ihre Tugenden sind unsterblich. Sie war zu Anlegung des Schleiers durch einen niedrigen und kleinlichen Stolz gezwungen worden, welcher zu häufig die jüngeren weiblichen Zweige berühmter, aber dürftiger Familien, einer grausamen und ewigen Gefangenschaft opfert.

„Der unglückliche Clairville war auf der Rückkehr von seine Reisen; zum kriegerischen Leben bestimmt, hatte er kürzlich eine Officierstelle erhalten, und wollte zu seinem Regimente eilen, welches damals in Lyon stand. Er hatte längst das fruchtlose Suchen nach seiner angebeten Schwester aufgegeben. – Das Schicksal führte sie ihm zu Gesichte, – und schloß dann seine Augen auf immer.

„Da der Graf den ersten Angriff gethan hatte, so wurde meine Strafe gemildert; mein Urtheil war zehnjährige Gefangenschaft; und in der folge ewige Verbannung aus einem Lande, dessen Gesetze ich beleidigt, und dessen Jahrbücher ich mit Blute gezeichnet hatte. Der erste Theil meiner Buße verfloß in Tagen des Weinens, und in Nächten des Kummers; – bis übermäßige Betrübniß eine mürrische Betäubung hervor brachte, welche mich gegen jedes Elend unempfindlich machte.

„Die Zeit gab meinen trüben Augen das heitere Licht des Himmels wieder, und mit demselben alle Quaalen unglücklicher Rückerinnerung! Vertrieben aus der menschlichen Gesellschaft, – entfremdet von meinem Vaterlande, – entblößt von aller Hoffnung auf künftige Glückseligkeit, – einsam, unbefreundet, verloren, vergessen, – wußte ich nicht, wohin ich meinen Lauf richten sollte; die Hälfte meines kleinen Vermögens war an den Staat verfallen, und die magere Armuth streckte ihre kalten Krallen, um mein Schicksal zu entscheiden. Durch Anhaltsamkeit kam ich, nach einer langen und mühsamen Reise endlich in diese Gegend, als ein unbekannter Wanderer, welcher unter dem ganzen Kampfe eines selbstzugezogenen Elends arbeitet.

„Ich habe seit jener Stunde zwischen den Tiroler Bergen gewohnt. Meine kleine Hütte war zu dunkel, um Neugierde zu erwecken, und ihr einsamer Inhaber zu arm, um Störung zu befürchten. Armuth und Kummer sind die wirksamsten Sicherungsmittel wider die Zudringlichkeit der Menschen; schützt nur Widerwärtigkeit unsre Schwelle, dann können wir ein ununterbrochenes Leben trauervoller Einsamkeit hindurch schmachten.

„Doch erkühne ich mich nicht, zu klagen; denn, leider! überzeugt mich jede Stunde, daß Gebete und Thränen nicht hinreichend sind, um meine Verbrechen zu büßen. Die Buße, welche ich mir selber auferlegt habe, ist eine traurige und langweilige Wanderschaft nach Marienzell; und der erste Beweis, welchen ich von göttlicher Güte erfahre, ist die wohlwollende Gastfreundschaft, welche ich jetzt in dem Uttenheimer Forste genieße." –

Der Pilger stand von seinem geflochtenen Stuhle auf, und verneigte sich ehrerbietig gegen seine liebenswürdigen Zuhörer. Therese zollte seinem Kummer eine mitleidige Thräne; – sie fiel auf seine Hand, welche auf seinem Stabe ruhte, als sie neben ihm stand, er drückte sie an seine Lippen; sie belebte sein trauriges Herz; – denn es war die heilige Thräne der mitfühlenden Tugend.

Ehe die Sonne über ihren östlichen Himmel herauf kam, hatte der Pilger seine beschwerliche Wanderschaft der Buße und des Kummers bereits wieder angetreten.

Zwanzigster Abschnitt.

Mehrere Wochen gleiteten langsam hin, als die sanften Düfte des wiederkehrenden Frühlings den Luftkreis mit Gesundheit schwängerten, und Knospen und Blüten aus dem reichen Schooße der Erde hervor lockten.

Therese, deren Gestalt blos der Schatten sinkender Schönheit war, deren Wange von immerwährender Aengstlichkeit welkte, und deren Auge einen schüchternen Glanz zwischen seinen dunkeln langen Bedeckungen hindurch warf, verfiel jetzt in einen Zustand der bedenklichsten Schwermuth. Die liebenswürdigen Reize des Prinzen Maximilian waren auf der Tafel ihres Herzens mit den lebhaftesten Farben gemahlt. Der sanfte Silphe, welcher auf dem Hauche der Liebe schwebt, fing oft einen Seufzer auf, welcher eben von ihren Lippen schied, unterdessen daß das Andenken an den würdigen Meinhard ihn als einen Zoll dankbarer Empfindsamkeit in Anspruch nahm.

Die Trauergeschichte, welche so rührend auf dem Erkerfenster beschrieben war; – der außerordentliche Schlüssel, welcher mit solcher ehrfurchtsvollen Feierlichkeit ihrer Sorge übergeben wurde; – der kränkende Gedanke an ihre Abhängigkeit von der Güte der Gräfin Adelheid, deren geringe Einnahme knapp hinreichte, um ihre eigene Würde zu behaupten; und die herannnahende Stunde, in welcher sie genöthigt seyn würde, auf immer die einsame Heimat zu verlassen, welche sie als die ihrige zu erkennen gewohnt, und zu genießen fähig war, – füllte ihr Herz mit unbeschreiblicher Betrübniß. Oft klagte sie, daß sie nicht zu einer Lebensart des arbeitsamen Fleißes geboren worden, und eben so oft tadelte sie die mißverstandene Zärtlichkeit, mit welcher sie erzogen war, und welche der Kreis ihrer Vollkommenheiten mehr auf das Feine, als auf das Nützliche beschränkt hatte.

„Die Bildung, welche meinen Verstand erhalten hat, – pflegte sie oft zu sagen, – hat blos Gefühle in mir geweckt, welche mich mit verdoppelten Schmerzen meinen Mangel an Vermögen empfinden lassen. Wie unbedachtsam ist ein Lehrer, welcher die Grundsätze einer feinen Bildung eindrücklich macht, ohne das Gemüth zum Ausdauern bei den Stößen des Schicksals dadurch zu stärken, daß man es an die Widerwärtigkeiten und Abwechslungen gewöhnt, welche ihm bestimmt sind! Allzu zärtliche Nachsicht ist eine Art von Grausamkeit, welche den Grund zu unzähligen Bedrängnissen legt. War ich nicht zur Unabhängigkeit geboren, warum wurde ich im Schooße der Ueppigkeit ernährt? Ich kann keines Verbrechens schuldig gewesen seyn, welches die Strafe der Demüthigung verdiente, und mein großmüthiger Beschützer dachte zu edel, um unnöthige Quaalen einem Herzen zu verursachen, welches sich nach seinen eigenen Grundsätzen gebildet hat, und durch seine Güte und Zärtlichkeit erwärmt wurde. Offenbar ist die Gräfin Adelheid mit meiner Abkunft unbekannt; sie würde mich nicht in einem Grade von Ungewißheit lassen, welche an meiner Gesundheit naget, und mir jede Stunde der Freude und Ruhe vernichtet." –

Tausend kämpfende Empfindungen drängten sich in ihre Seele; die Furcht, aus ihrer Einsamkeit hervor zu treten, und den höhnenden Blicken neidischer Vorgesetzten zu begegnen, wurde durch den Widerwillen zum schweigen gebracht, welchen ihr stolzes Herz fühlte, wenn sie sich in einem Zustande elender Abhängigkeit betrachtete.

„Lieber wollte ich mich durch ein Leben unaufhörlicher Mühseligkeiten hindurch arbeiten, – sagte die liebenswürdige Waise, – als den Launen der Großen nachgeben, oder die dürftige Einnahme meiner geliebten Gräfin schwächen. Vielleicht dürfte es dem Himmel gefallen, mich sogar ihres Schutzes zu berauben! – was wird alsdann mein Schicksal seyn? meinen Unterhalt durch unbemerkten Fleiß suchen, oder von dem Schmollen und Lächeln irgend einer fühllosen reichen Gönnerin abhängen, welche sich etwa so weit herab läßt, daß sie mir einen Zufluchtsort verstattet, nicht für die erhabenen Befriedigungen einer gebildeten Seele, sondern um ein niedriges, und unwürdiges Schaugepränge zu treiben." –
Diese Betrachtungen brachten Therese zu dem Entschlusse, sobald als ihr Recht, in der Burg zu wohnen, verfallen seyn würde, auf die behutsamste und ehrenvolle Weise sich nach irgend einer Beschäftigung umzusehen, welche sie in den Stand setzen könnte, die ruhigen Stunden glücklicher Unabhängigkeit zu genießen.

Die Burg, welche ehemals der Aufenthalt ewiger Wonne und lehrreichen Vergnügens war, hatte sich jetzt in die finstere Höle beständiger Trauer verwandelt. Alle die alten Hausbedienten wurden entlassen, der Haushofmeister ausgenommen, einen ehrwürdigen Bedienten, und einige weibliche Bedienung, welche zu den Geschäften der Haushaltung schlechterdings nothwendig waren.

Die lebhaftere und forschbegierige Kunigunde fühlte jetzt allmählig eine starke Ueberzeugung, daß jener Genuß, welcher fälschlich die Freuden der Welt genannt wird, eigentlich ihre größten Plagen ausmachen. Das junge unerfahrne Herz mahlt sich tausend namenlose und bezaubernde Reize, denkt sich Wonne, und genießt schon im voraus Auftritte von Glückseligkeit, welche nichts mehr sind, als Erscheinungen einer lebhaften und warmen Einbildung. Jugend, welche ganz von aller Gesellschaft abgeschnitten lebt, ist rastlos, verdrüßlich, mißvergnügt, und in beständigem Sehnen nach Erscheinungen, welche blos dem Auge der Einbildung vorzuschimmern bestimmt sind. Die Vorstellung von etwas angenehmen, weil man es nicht kennt, schließt die Ueberlegung aus, daß jede Rose, welche die frölichen Pfade des Lebens schmückt, ihre Dornen verbirgt, um unsern Weg peinvoll zu machen.

Das einzige weise und zuverlässige Mittel, ein unzufriedenes Gemüht zu heilen, ist dieses, daß man es einmal den bittern Kelch, welcher unaufhörlich von der Hand der Thorheit dargereicht wird, selbst unter den schmeichelhaften Auftritten glänzender Reize, kosten lässt. Erfahrung wird Ueberzeugung in die Seele bringen, und ihr einen Unterricht einprägen, welchen Weisheit und Philosophie vergeblich beizubringen hoffen darf, und welcher blos mit Verachtung belohnt wird, oder auf die undankbare Rechnung einer wilden Härte gesetzt wird. Die unerfahrne Jugend sollte dem Beispiel des geübten Steuermanns folgen, welcher auf dem glatten und stillen Meere unter Segel geht, ohne sich durch seinen milden lockenden Anblick in vermeintliche Sicherheit einwiegen zu lassen, oder sich seinen sanft bewegten Wellen ganz anzuvertrauen, sondern mit der behutsamen Vorbereitung, um die verrätherischen Klippen zu vermeiden, welche unter der schimmernden Oberfläche sich verbergen, um ihn scheitern und umkommen zu lassen.

Die Gräfin Adelheid, welche jederzeit von ernsthafter und nachdenkender Gemüthsart gewesen war, widmete jetzt jeden Augenblick den Pflichten der Religion. Kunigundens lebhafte Einfälle und kindische Munterkeit machte der geflissentlichen Ernsthaftigkeit Platz; unterdessen daß Therese ihre einsamen Tage zu weiterer Ausbildung ihrer musikalischen Vollkommenheiten anwendete.

Da ihre Beschäftigungen ganz von einander abwichen, so waren sie nothwendig manche Stunde des Tags getrennt. Die Stiller der Einsamkeit diente mehr zur Vergrößerung ihrer Schwermuth, unterdessen daß die muntern Freuden des Lebens über dem düsteren Ernste geistiger Ausbildung verwelkten.

Der Tod des Grafen Meinhard wurde als ein allgemeines Elend gefühlt und anerkannt; die Wolke des Kummers hing über den ganzen Forst; die ländlichen Scherze hatten jetzt ein Ende; das Schloßthor, welches ehmals von der Hand der Gastfreundschaft geöffnet wurde, war jetzt fast beständig zu, und gab der Wohnung das Ansehen eines Klosters. Die stillen Stunden wurden durch die langsamen Schwingungen der Glocke auf dem hohen Thurme bemerklich gemacht, deren holer Ton ehmals unbemerkt auf den Lüften hinweg starb. Der alte treue Schloßhund, welcher ehmals scherzhaft um die Burg herum lief, jetzt aber durch Einsperrung wild geworden, bellte gegen den elenden Bettler, welcher das Thor bestürmte, und vergaß sogar die Hand, welche ihn zu füttern pflegte. Die Eule klagte in den einsamen Mauern; und jede geschwätzige Gevatterin im Walde erzählte ihrer leichtgläubigen Nachbarin eine seltsame Geschichte von grausenvollem Inhalte. Die mitternächtlichen Besuche des Fürsten Wolfgang, von welchen man sich in das Ohr geflüstert, welche man aber auch wieder vergessen hatte, gaben jetzt Veranlassung zu unzähligen leeren Erzählungen; und manche Bewohner der umliegenden Hütten versicherten feierlich, daß die Gestalt beständig um die Mauern der Burg zu gewissen Stunden der Nacht herum schleiche. Die Hausbedienten fürchteten sich, in Wirthschaftsangelegenheiten auf das nächste Dorf zu gehen; und blickten mit sehnlicher Erwartung dem Tage entgegen, welcher sie von dem nach ihrer Meinung unrichtigen Walde befreien würde.

Therese, welche den Ursprung dieser ungereimten Geschichten gut wußte, lächelte oft über Kunigundens Zaghaftigkeit, welche sie unbedingt glaubte; und gab ihr bisweilen einen strengen Unterricht über die Thorheit des Aberglaubens.

Verschiedene Monate verflossen in einem unabgeänderten Kreislaufe tiefsinniger Beschäftigungen. Prinz Maximilian, dessen Achtung für Therese zur wärmsten Zärtlichkeit reif geworden war, und welcher alle wahrscheinlichen Mittel versucht hatte, einem Herzen, welches einen tiefen und fühlbaren Eindruck von dem Bilde seiner Anbetung erhalten hatte, Trost und Beruhigung zu verschaffen, entschloß sich, wieder einmal die wonnevolle Einöde zu besuchen, wo er so ausgezeichnete Merkmale von Achtung und Aufmerksamkeit erhalten hatte.

„Warum soll ich – sagte er, – durch niedrigen und entehrenden Stolz mich dessen berauben, was einzig und allein das Leben wünschenswert machen kann? Theresens Reize sind an sich selber ein Schatz von unermeßlichem Werthe; ihre Tugenden erheben sie über die unbedeutenden Vorzüge des Rangs und des Vermögens; die erhabene Würde ihres Geistes muß jedem Stande einen neuen Glanz ertheilen. Ich fühle eine geheime Simpathie, welche mich auffordert, jedes Ungemach mit ihr zu theilen, welches ihre Jugend und schutzlose Unschuld leiden dürfte." –

Voll von solchen Gedanken reiste er von München ab; und jeder Augenblick, bis er Uttenheim erreicht hatte, diente zur Bestärkung seines gefassten Entschlusses.

Es war Abend, als er vor der Burg ankam. Er fand das äußerste Thor unverriegelt. Der große Hofraum war mit langem Grase bedeckt, und der gothische Eingang unbesetzt von dem gewöhnlichen Gefolge von Hausbedienten. Er ging über den langen Gang; die untergehende Sonne warf ein düsterrothes Licht durch die gemahlten Fenster; die Gemälde der Familie aus mehreren Geschlechtsfolgen schmückten noch immer die mit verwelkten Tapeten behangenen dumpfigen Wände. Seine Tritte hallten wieder, als er hinan ging; Therese hörte sie, da sie von der Terrasse hinein ging; ihr Herz klopfte vor Furcht, es möchte irgend ein unnatürliches Wesen diesen ungewöhnlichen Schall veranlassen; sie horchte, sie öffnete die Flügelthüre am Ende des Gangs, trat leise näher, und bemerkte am äußersten Ende, mit Hülfe des dämmernden Lichts, die Gestalt einer Mannsperson.

„Himmel! schütze mich!" – rief Therese. Der Prinz eilte, bei dem Tone ihrer Stimme, auf sie zu, faßte ihre zitternde Hand, und führte sie in ihr Zimmer.

Die Gräfin Adelheid und Kunigunde gesellten sich bald zu ihnen. Ihre ersten Erkundigungen betrafen den Fürsten Wolfgang. Der Prinz bemerkte eine plötzliche und tiefe Röthe auf Theresens Wange. Er hielt es für eine schlimme Vorbedeutung, und für eine völlige Bestätigung ihrer Anhänglichkeit an seinen Freund. Die Gräfin Adelheid lächelte, und das Gespräch bekam eine andre Wendung.

Im Verlaufe des Abends wurde der Name des Fürsten zu wiederholtenmalen genannt; und jedes Mal verrieth Theresens zitterhafte Verwirrung
und unwillkührliches Erröthen die geheime Unbehaglichkeit, welche sie
fühlte. Es blieb nicht ein Schatten von Hoffnung in ihrer Brust übrig, daß
der Prinz mit jener unvorsichtigen Zusammenkunft in Bertha's Hütte unbekannt wäre; und sie hatte, wegen des allgemeinen Charakters des Fürsten
Wolfgang, allen Grund zu fürchten, daß dieser Vorfall mit allem Nachtheile
für sie erzählt worden. Sie erfuhr alle jene unangenehmen Empfindungen,
welche eine redliche und feine Seele unter den falschen Anschuldigungen
einer sträflichen Handlung leidet; – sie wußte, daß ein Frauenzimmer von
dem Augenblicke an, da sie ihren guten Namen in die Gewalt eines Unwürdigen gibt, nicht länger über ihre eigene Glückseligkeit zu gebieten hat;
da beständige Furcht vor Schande schlimmer ist, als selbst die völligste
Ueberführung der schwärzesten Verbrechen, so geräth sie in die elende
und furchtvolle Abhängigkeit von der Gnade ihres Feindes, und ist zu allen
Zeiten der Schmach und Verachtung ausgesetzt, welche er über sie bringen
will ;– er hingegen bleibt völlig Herr über alle ihre Handlungen; – ein Sau-
erblick macht sie schüchtern; ein Hohnlächeln füllt sie mit Besorgniß; – ihr
guter Name behauptet sich blos durch seine Willkühr; und wenn er ein
Tirann ist, so wird sie seine Sklavin, wo nicht sein Opfer.

Die Abendmahlzeit wurde im Saale angemeldet, und nach einer halb-
stündigen Unterredung begab sich Therese und Kunigunde zur Ruhe. Der
Prinz wurde mit der Gräfin Adelheid allein gelassen. Nach einer Stille von
einigen Augenblicken, sagte der Prinz:

„Ich muß Euch bitten, meine Gräfin, von mir zu glauben, daß mir kein
Gedanke weniger einfallen konnte, als die Einsamkeit dieser liebenswürdigen Familie zu stören. Ich kam hieher, entzückt von der wonnevollen
Hoffnung, daß ich scharfsichtig genug wäre, Theresens Herzensgesinnung
zu entdecken; aber ich finde, daß meine Eitelkeit mich irre führte. Ich
schätze meinen Freund, den Fürsten Wolfgang, und würde mich gefreut
haben, ihn mit einem so liebenswürdigen Frauenzimmer vereinigt zu sehen;
hätte ich mir eingebildet –"

Hier unterbrach ihn die Gräfin, und sagte:

„Ihr hattet Euch nicht geirrt; Therese hat zu viele Beweise von ihrer
Achtung gegen den Fürsten gegeben, als daß sie ihre Vorliebe gegen ihn
leugnen sollte; aber ich kenne das feine Gefühl ihrer Seele, und bin über-

zeugt, daß sie lieber ganze Jahre voll Angst wird leiden wollen, ehe sie einen einzigen Gedanken verräth, welcher sie lächerlich, oder verächtlich machen könnte." –

„Der Ausgang der Sache ist für mich von der größten Wichtigkeit; und ich wünsche befriedigt zu werden; – erwiederte der Prinz; – ich werde mich für Euern ewigen Schuldner erklären, wenn Ihr mit Therese darüber sprechen wollt. Ich liebe den Fürsten so zärtlich, wie einen Bruder; sein Glück ist das meinige; und ich schätze die reizende Therese zu sehr, als daß ich nicht auch das ihrige befördern sollte, was ich auch selber bei der Gelegenheit fühlen mag." –

„Ich habe zuverlässige Nachricht über den ausschweifenden Charakter des Fürsten; – sagte die Gräfin; auch Therese ist damit nicht unbekannt; aber ihr Herz will ihr nicht erlauben, den Vorschriften der Vernunft zu folgen; und ich bin vollkommen überzeugt, daß ihre ganze Glückseligkeit sich auf den Mann einschränkt, welchen sie vor allen andern verachten sollte? –

„Wie so? – fragte der Prinz; durch welche Mittel habt Ihr Euch von Theresens Leidenschaft für den Fürsten überzeugt?" –

„Durch alle mögliche und wahrscheinliche Mittel; – erwiederte die Gräfin; – durch ihre Schwermuth, seit dem ersten Tage, an welchem sie ihn sah; durch ihre Betrübniß bei seiner Abreise von der Burg; durch ihr Erröthen, so oft als der Zufall, während ihres Aufenthalts in München, ihr ihn in den Weg führte; durch ihre kalte Gleichgültigkeit gegen den Vorzug, welchen Ihr öffentlich ihr ertheiltet; durch die Abnahme ihrer Gesundheit, seitdem sie seines Umgangs beraubt ist; und durch ihre sichtbare Verlegenheit, so oft als sein Name genannt wird." –

„Ihr habt vollkommen Recht, meine Gräfin, sagte der Prinz; – aber seyd Ihr auch wegen der Absichten des Fürsten auf Therese befriedigt?" –

„Daß er sie liebt, – erwiederte die Gräfin, – ist außer Zweifel; die Bauern in den Dörfern, wo wir anhielten, sprachen von nichts anderm, als von der Leidenschaft des Fürsten Wolfgang gegen die Waise von Uttenheim; – und wirklich gestand sie mir, in der Gesellschaft bei Frau von Torneville, daß ihr seine Aufmerksamkeit lästig würde." –

Der Prinz wurde durch diese Nachricht tief betrübt; an ihrer Glaubwürdigkeit blieb, nach seiner Meinung, nicht ein einziger Zweifel übrig – und er gerieth fast in Verzweiflung.

„Ich will völlig überzeugt sein, – sagte er; – ich erbitte mir eine entscheidende Antwort sobald als möglich; – mein Freund wird der glücklichste unter allen Sterblichen seyn! – Therese ist die anbetungswürdigste unter allen ihres Geschlechts!" –

„Sie ist in der That ein Engel! – erwiederte Adelheid – ihre Vollkommenheiten sind unschätzbar; ihr Herz ist der Thron der Tugend und edeln Gefühlen! der Fürst wird allerdings ein Kleinod besitzen, welchem nichts gleich kommt" –

„Glücklicher Fürst!" – rief der Prinz.

„Therese wird sich freuen, – sagte die Gräfin, – wenn sie findet, daß ihre Wahl von Euch genehmigt wird, da gewiß keine Person auf Erden ist, für welche sie eine vollkommenere Achtung heget." –

Der Prinz konnte dieses kränkende Gespräch nicht länger aushalten. – Er entfernte sich, in dem kämpfenden Zustande von Bekümmerniß.

Die Gräfin beschloß, am folgenden Morgen Therese mit dem Ansuchen des Prinzen bekannt zu machen; und ihr vortreffliches Herz genoß schon im voraus die Freude, welche sie der liebenswürdigen Waise zu machen hoffte.

Ein und zwanzigster Abschnitt.

Früh am Morgen begab sich Adelheid auf Theresens Zimmer; sie war eben aufgestanden, nachdem sie die Nacht unter den peinvollsten Betrachtungen zugebracht hatte.

„Du siehst so schwermüthig, meine liebenswürdige Freundin; – sagte die Gräfin; – aber ich habe dir etwas mitzutheilen, was dir gewiß Freude machen wird. Ich habe vom Prinzen Befehl, dich mit der Absicht seines Besuchs bekannt zu machen." –

„Befehl vom Prinzen? Gräfin! – erwiederte Therese; – „Die Absicht seines Besuchs?, – Sie wurde blaß, und ihre Stimme stotterte.

„Ja, meine Therese; er ist nicht unbekannt mit der Ursache deiner Niedergeschlagenheit; er kennt den Zustand deines Herzens – –und ist entzückt von dem Gedanken, deine Wünsche zu befördern." –

„Ich habe keinen Wunsch, welcher dem Prinzen wichtig seyn könnte; meine Eitelkeit wird mich niemals zu einem so groben Irrthume verleiten. – Was ich auch fühlen mag, so bin ich gewiß, daß kein Stück in meinem Betragen eine solche Vermuthung rechtfertigen könnte." –

„Warum bist du so unruhig? ich weiß, daß deine Neigung auf jemanden gerichtet ist, welcher mit Dankbarkeit deine Leidenschaft erwiedert; – warum sollte denn dich eine kindische und falsche Schüchternheit abhalten, das zu gestehen, was dich so nah angeht? In der That ist diese übel angebrachte Schaam unverzeihlich. Der Prinz bittet dich, ihm eine entscheidende Antwort zu geben; Höflichkeit erfordert wenigstens deine ungesäumte Entschließung." –

„Ich muß Euch bitten, – erwiederte Therese, – mir einige wenige Stunden zu gönnen, um mein Gemüth zu sammeln; ich bin in der That ganz übernommen von der Güte des Prinzen; – aber die Ehre – die Glückseligkeit – der Vorzug – ist zu viel für mich, als daß ich es in meinem gegenwärtigen Zustande von Verlegenheit ertragen könnte." –

„Soll ich dem Prinzen einigen Grund geben, zu hoffen?" – fragte die Gräfin.

„Der Prinz hat keinen Grund, zu vermuthen, daß seine Großmuth übel angebracht seyn werde;" – erwiederte Therese, mit einer sehr großen Schüchternheit.

Adelheid lächelte, und entfernte sich; – Therese zerfloß in Thränen des Entzückens!

Die Gesellschaft versammelte sich zum Frühstücke. Therese war von Bestürzung ganz übernommen, – der Prinz ehrfurchtsvoll zurückhaltend; – die Gräfin Adelheid sehr aufgeräumt; und Kunigunde hatte ihre Freude an der allgemeinen Verwirrung.

Nach geendigtem Frühstücke, verließ Therese das Zimmer, und begab sich auf die Terrasse. Der Prinz bemerkte sie aus dem Fenster, und folgte ihr augenblicklich.

„Habt Ihr Bestellungen nach München? meine Dame – fragte er, und verneigte sich mit kalter Ehrerbietung.

„Ich habe keine Ursache ,– – erwiederte Therese, – mich irgend einer Person in München mit Wohlgefallen zu erinnern; und ich glaube, es wird nicht eine einzige dort seyn, welche sich durch meine Aufmerksamkeit geschmeichelt finden dürfte." –

„Habt Ihr nichts an den Fürsten Wolfgang zu befehlen?" – fragte der Prinz.

Therese, deren Herz sich auf eine ganz verschiedene Unterredung gefaßt gemacht hatte, konnte sich kaum der Thränen enthalten; sie suchte ihren Verdruß durch ein erzwungenes Lächeln zu verbergen, und wollte eben die Terrasse verlassen, als der Prinz seine Frage wiederholte. Sie konnte nicht länger ihre Unruhe geheim halten, und mit einem Tone standhafter Erbitterung erwiederte sie:

„Schlecht kleidet es die Würde, oder Großmuth Euers Charakters, wenn Ihr ein schutzloses Frauenzimmer höhnet, oder betrübet; – die Rittergesetze können unmöglich eine solche Beleidigung rechtfertigen, und jedes ehrliebende Gemüth muß davor zurück schaudern. Wenn Ihr hoffet, meine Eitelkeit zu demüthigen, so täuscht Ihr Euch; denn ich habe nichts, worauf ich stolz sein könnte, als ein Herz, welches selbst die Verleumdung des Fürsten Wolfgang nicht beflecken kann." –

„Es thut mir leid, – sagte der Prinz, – daß Ihr mich nicht Euers Vertrauens würdig haltet; der Fürst, mein Freund kann unmöglich so blind gegen sein eigenes Glück seyn, daß er das Frauenzimmer beleidigen sollte, welche er anbetet, und welche ihm so manche Beweise von ihrer Hochachtung gegeben hat." –

„Ich begreife nicht, was Ihr eigentlich meinet; – erwiederte Therese; – die Anbetung eines erklärten Wohllüstlings kann der Eitelkeit eines vorsichtigen Frauenzimmers nicht schmeicheln, so wenig wie seine Verleum-

144

dung ihren guten Namen beflecken kann; die nicht das eine verlacht, und das andre verachtet, muß in der That schwach seyn." –

„Dann ist also Eure Meinung, – sagte der Prinz, – daß ein Frauenzimmer fähig ist, den Gegenstand ihrer Zärtlichkeit zu verachten, oder zu verlachen?" –

„Ihr versteht mich in der That unrecht; – erwiederte Therese; – ich kann die Ueberzeugung nicht aufgeben, daß Hochachtung die Vorgängerin der Zärtlichkeit ist; kein vernünftiges Frauenzimmer kann jemals einen lieben, welcher ihr als ein unwürdiger Gegenstand bekannt ist." –

„Ich habe das Vertrauen, – sagte der Prinz, mit forschendem Blicke, – daß Fürst Wolfgang Euch niemals Ursache geben werde, Eure Gesinnung zu ändern; beehrt mit Eurer Achtung, wird er unstreitig der beneidenswürdigste Mensch seyn; und Tod müsse ihn treffen, sobald als er es zu schätzen aufhört!" –

„Der Fürst ist mir widerlich; – erwiederte Therese; – er weiß es; und dies ist ein unrühmlicher Einfall, mich zu kränken; es befremdet mich nicht, wenn er sich irgend einer niederträchtigen Handlung schuldig gemacht hat; aber ich beklage, daß Prinz Maximilian sich von einem solche Freunde berücken läßt." –

Die Ankunft der Gräfin Adelheid machte ihrem traurigen Gespräche ein Ende. Therese benutzte freudig diese Gelegenheit, sich entfernen zu können. Beim Eintritte in das Haus begegnete sie der lebhaften Kunigunde, welche sie bei der Hand faßte, und sagte:

„Wohin so eilig? meine kleine Prinzessin! Du sollst unsern Freudenbezeugungen nicht so leicht entgehen; nun, unsre Glückseligkeit scheint dir recht schwer auf dem Herzen zu sitzen; um des Himmels willen; lege doch die alte Trauerkleidung ab, und gib dir ein lebhafteres und passenderes Ansehen." –

„Auch du stehst im Bunde mit meinen Feinden? – erwiederte Therese; dann bin ich in der That unglücklich! Unedle Kunigunde!" –

Therese, welche nicht länger ihre eingebildete Demüthigung ertragen konnte, eilte in ihr Zimmer, und suchte Erleichterung im Nachdenken.

Der Prinz, welcher sich dieses außerordentliche Benehmen nicht zu erklären im Stande war, beschloß, augenblicklich abzureisen. Er theilte seinen Vorsatz der Gräfin Adelheid mit, welche eben so sehr über die vermeinte Aenderung in Theresens Gesinnungen erstaunt war.

„Ich kam hieher, – sagte der Prinz, – um ein Herz darzubieten, welches von der wärmsten Begeisterung gegen die Tugenden Euer liebenswürdigen Therese erfüllt ist! ich merke jetzt, daß wir einander mißverstanden haben; gleichwol möchte ich nicht gern diese Burg mit dem beunruhigenden Gedanken verlassen, daß mein Betragen einen ungünstigen Eindruck auf das Gemüth des reizendsten unter allen Frauenzimmern gemacht haben sollte! Ich beschwöre Euch, Gräfin Adelheid, mir Verzeihung wegen der Vermessenheit auszuwirken, welche mich zu dem Gedanken verleitete, daß mein Antrag nicht abgewiesen werden würde; – saget ihr, der Prinz will sie nicht mehr beleidigen; sein Leben würde er ihrer Glückseligkeit geopfert, und sein Herz ihrem Dienste gewidmet haben. Wenn Therese mir die Ehre einer Unterredung von einigen wenigen Augenblicken gönnen wollte, so hoffte ich sie selber von meiner Achtung für ihren Charakter zu überzeugen, und jeden falschen Eindruck zu tilgen, welchen sie von dem meinigen bekommen haben möchte. – Laßt mich Euch bitten, meine Gräfin, mir eine solche Zusammenkunft zu verschaffen, und Zeuge von dem Eifer zu seyn, welchen ich anwenden werde, um ihren Unwillen abzubitten." –

„Therese ist zu edeldenkend, und zu gut erzogen, – erwiederte die Gräfin, – als daß sie Euch eine Gelegenheit verweigern sollte, Euer Betragen zu rechtfertigen." –

Sie verließ das Zimmer; und kam nach wenigen Minuten mit Therese zurück.

„Ich bitte, keine Entschuldigung zu machen, – sagte Therese, mit den mildsten und gefälligsten Lächeln; – wir mißverstanden einander; und ich bitte das Gespräch des heutigen Morgens zu vergessen." –

„Hört mich, Therese; – rief der Prinz; – ich bin Euer Sklave; und Ihr habt Macht, mir Schweigen zu gebieten; aber Ihr seyd zu großmüthig, um über Euern Gefangenen zu tirannisiren; – laßt ihn Eure Ketten tragen;

aber laßt sie ewig dauern, und durch keine irdische Gewalt zerbrochen werden; – saget, Ihr wollt die Meinige seyn, schöne Therese, bestimmt mein Schicksal! es beruht auf Euch, und auf Euch allein." –

Theresens Unruhe fesselte ihre Zunge. Durch ihre Blicke sprach sie tausend unnennbare Dinge. – Ihr gebrochener Seufzer war das Zeichen der Einwilligung; und das sanfte Lächeln des erröthenden Entzückens verrieth sichtbar den Triumph ihres Herzens.

Zwei und zwanzigster Abschnitt.

Der Prinz, dessen Freude ohne Grenzen war, wußte nicht, wie er seine Zufriedenheit hinlänglich an den Tag legen sollte; alle Aeußerungen verschwenderischer und edler Gastfreundschaft verbreiteten ihr belebendes Entzücken durch den ganzen Forst; jede Hütte verwandelte sich in ein kleines Elisium. Die Dörfer waren mit Landleuten angefüllt, welche sich mit mancherley frölichen Tänzen beschäftigten; die Schloßthore waren geöffnet, um alle Klassen von Leuten aufzunehmen, welche geneigt waren, an der Feyer des Triumphs der Tugend Theil zu nehmen. – Die sanfte Therese besuchte, in Gesellschaft ihrer Freundinnen, jede Gegend des Forsts, und vertheilte Segen mit der Hand der Freigebigkeit. Der Prinz schickte Abgeordnete nach München mit der frölichen Botschaft; sein Pallast war ein Schauplatz glänzender Festlichkeiten; und jedes Herz klopfte vor ungeduldiger Erwartung der Ankunft der liebevollen Prinzessin.

Die Gräfin Adelheid, welche wenige Neigung hatte, in München zu besuchen, machte es zum Gegenstande ihres ernsthaftesten Ansuchens, daß die Vermählungsfeierlichkeit in Uttenheim vollzogen werden sollte; – „und hernach will ich ,– sagte sie, – mit meiner Tochter mich nach Paderborn begeben, und mein Leben in Einsamkeit und Frieden endigen." –

Therese bestand darauf, daß ihre junge Freundin bei ihr bleiben sollte; der Prinz unterstützte sehr ernsthaft ihr Ansuchen, und Adelheid gab ihre Einwilligung. Alle Ueberredungsgründe wurden gebraucht, um den Entschluß der Gräfin, in Absicht auf sie selber, zu ändern; aber vergeblich.

Der Tag des feierlichen Vertrags war bestimmt; die Zwischenzeit, welche nur eine einzige Woche war, reichte kaum hin, um die Heiratseinrichtungen in Ordnung zu bringen, und den Palast in München zum Empfange des vornehmen Paars zurecht zu machen. Der Prinz reiste ab. Sein letzter

Abschied war die Zusicherung ewiger Treue, versiegelt mit einem Kusse, welchen Engel hätten beneiden mögen!

Therese, deren Gemüth fast eine Umschaffung erfuhr, konnte kaum den ungewöhnlichen Zustand von Entzücken, welches ihr so unerwartet zugedacht war, ertragen. Ihre ehemaligen Gedanken waren entweder still heiter, oder trauernd niedergeschlagen gewesen. Die bezaubernden Freuden unbegränzter und gegenseitiger Zärtlichkeit, – die unbeschränkte Macht, den Unglücklichen Trost zu ertheilen, – die Gelegenheit, alle die gefälligen Freundschaftsbeweise zu vergelten, welche sie in Uttenheim erfahren hatte, – und der Besitz des edeln Herzens ihres angebeteten Maximilian, – zeigten ihrem Blicke einen solchen Reichthum von Wonne, daß sie fast in Versuchung kam das Ganze für eine Erscheinung einer verwilderten Einbildung zu halten.

Kunigunde fand eine doppelte Befriedigung bei diesem Umstande. Die Glückseligkeit ihrer Freundin, und die Aussicht, wieder in die lebhafte Welt zu treten, entzückte abwechselnd ihre Einbildung. Sie war lauter Leben! lauter Entzücken! lauter Erwartung!

Die jungen Freundinnen waren von Sonnenaufgange bis zum Schlusse eines jeden Tags mit glänzenden Zurüstungen beschäftigt. Die hohen Zimmer der Burg waren mit üppigen Blumenkränzen geschmückt; alles, was geschmackvolle Einfalt anbringen konnte, zeigte sich dem Auge; und der herannahende Triumph überirdischer Vollkommenheit füllte jeden Busen mit klopfenden Glückwünschen.

Der lange Gemäldensaal war zum Hauptschauplatze der Festlichkeit bestimmt. Kunigunde machte gegen sein schwermüthiges Ansehen Einwendungen, und bestand darauf, daß die rauhen Tapeten, und die stumme Gesellschaft kriegerischer Ahnen, und strenger Matronen, deren fürcherliche Rahmen, und ernsthafte Blicke die Freuden des Tags dämpfen müssten, in irgend ein dunkeles Zimmer entfernt werden würden.

„Wir wollen die Wände mit Seide behängen, und mit Mirthen bekränzen, – sagte sie; – die elende Decke soll von ihren alten zerrissenen Fahnen entblößt werden, und endlich einmal ihre mottenfressige Pracht ablegen; die Fenster sollen gegen die Terrasse geöffnet werden, wo die Burschen mit ihren ländlichen Geliebten tanzen und jubeln sollen; – das gothische Gewölbe am Ende des Gangs soll von seinen rostigen Siegeszeichen und fürchterlichen Rüstungen entblößt, und in einen Orchester verwandelt werden." –

Therese lächelte über ihre lebhaften Einfälle; und nachdem sie die Gräfin Adelheid beredet hatte, ihre Einwilligung zu geben, so wurde der nächste Tag zu Abtragung der alten Zierrathen bestimmt.

Die Feierlichkeit des Abzugs der gothischen Gesellschaft begann mit einem gewissen Grade von Wehmuth auf Theresens Seite; sie fühlte eine Anhänglichkeit an dieselbe, vermittelst einer Art von unerklärlicher Simpathie, welche bisweilen selbst durch die leblosesten Gegenstände erweckt wird. Sie hatten fast die eine Hälfte der grotesken Gesellschaft entfernt, als Therese, beim Herabnehmen eines großen Rahmens, in welchem das Gemälde eines schönen Frauenzimmer gefaßt war, mit Befremden eine Tafel bemerkte, welche hinter demselben verborgen war.

Sie war von einer besonderen Gestalt; hatte ein kleines Viereck in der Mitte, und eine Metallplatte an dem einen Ende.

Diese außerordentliche Erscheinung irgend eines geheimen Behältnisses füllte ihr Herz mit zitternder Unruhe. Sie hieß dem Bedienten, das Zimmer zu verlassen; und nachdem sie die Thüre verriegelt hatte, näherte sie sich mit ahnender Schüchternheit dem verhängnißvollen Kabinette. Einige Augenblicke stand sie ohne Bewegung, und vor banger Vermuthung fast versteinert. Endlich näherte sie sich mit langsamen und wankenden Schritten dem Schränkchen; ihre Hand, kalt, wie ein Marmordenkmal, reichte den Schlüssel, welchen der würdige Graf Meinhard in seinen letzten Augenblicken ihr gegeben hatte.

Ohne die geringste Schwierigkeit entfernte sie die Metallplatte; der Schlüssel fand leichten Eingang, und die kleine Thüre des Kabinets flog mit unwiderstehlicher Gewalt aus einander.

„Barmherziger Himmel! – rief Therese – was soll dies bedeuten?" –

Sie würde weggegangen seyn; aber ihre Füße waren an die Dielen gleichsam angeheftet. Der Ort, wo sie stand, war nah bei jenem Fenster, auf dessen durchsichtiger Tafel die wohlbekannten Zeilen geschrieben waren. – Sie betrachtete dieselben einige Augenblicke; – sie befeuerten sie mit Muthe. Mit leiser und feierlicher Stimme rief Therese:

„Schicksal, leite mich weiter; ich will gehorchen, auch wenn es mein Tod ist!" –

Innerhalb des hohen Raums, welcher augenscheinlich dazu bestimmt war, stand ein kleines Kästchen von gediegenem Golde, welches mit drei großen Wachssiegeln befestigt war, auf welchen das Uttenheimer Wappen stand.

Theres war noch immer außer Stand sich zu bewegen; ihre Seele starrte vor Furcht; und kaum wagte sie, zu athmen, damit nicht etwa durch den stöhnenden Laut die wundervolle Erscheinung vor ihrem Blicke verscheucht würde; denn sie konnte das, was sie sah, nicht für etwas wirkliches halten.

„Die Gräfin Adelheid weckte sie aus ihrem Gedankentraume, indem sie an die Flügelthüre klopfte; der Schall hallte wie ein Donner längst der gewölbten Decke zurück.

Sie eilte, um sie herein zu lassen, faßte ihre Hand mit einem Blicke wilder Verzweiflung, führte sie zu dem geheimnißvollen Kästchen, voll Beben und Staunen!

„Was muß in diesem Kästchen enthalten seyn!" – sagte die Gräfin.

„Nur der Himmel weiß es; – erwiederte Therese; – ich möchte nicht wagen, es von der Stelle zu rücken! – doch, was habe ich zu fürchten? ich habe niemals irgend ein menschliches Wesen beleidigt; aber mein Herz erkaltet in meinem Busen, bei dem Gedanken an etwas außerordentliches!" –

Die Gräfin trat näher; – wurde dann bedenklich; – Therese hielt ihre Hand zurück, als sie dieselbe gegen das Schränkchen erhob.

Mit der äußersten Vorsicht befreite endlich die Gräfin das Kästchen aus seinem Gefängnisse; Therese, deren gespannter Blick niemals, auch nicht auf einen Augenblick, den kostbaren Schatz aus dem Gesichte verlor, begleitete sie auf ihr Zimmer. Kunigunde würde sogleich von dem Umstande benachrichtigt, und sie bereiteten sich zu der ehrfurchtsvollen Feierlichkeit, den Inhalt zu besichtigen.

Nachdem die Gräfin, mit Furcht und Zittern, die Siegel, welche vorn befestigt waren, abgenommen hatte, so schritte sie weiter, um den Deckel aufzuheben. Der schüchternen Hand, welche dieses Geschäft verrichtete, schien er ein ungewöhnliches Gewicht zu haben.

Als sie so weit in ihrem fürchterlichen Forschen gekommen waren, entdeckten sie ein kleines rothsammetes Behältniß, mit goldenen Klappen befestigt. Bei Eröffnung desselben fanden sie verschiedene Blätter Papier, dicht mit Zeilen besetzt, welche augenscheinlich von einer weiblichen Hand geschrieben waren.

Therese druckte der Gräfin sanft den Arm, und bat mit zitternder Stimme, – sie möchte einen Augenblick einhalten.

Sie gehorchte ihrem Ansuchen; denn sie bemerkte, daß Theresens Wange von der kalten Berührung eines geheimen Grausens erbleichte.

Kunigunde faßte ihre Hand, und umarmte sie mit der Zärtlichkeit einer Schwester.

Mit stummer Aufmerksamkeit starrten sie einander an.

Therese hatte kaum einen Blick auf die Papier gethan, welche auf den Tisch lagen, so rief sie:

„Gütiger Gott! diese Handschrift habe ich schon sonst gesehen!" –

Die Trauerklagen, welche auf dem Galleriefenster geschrieben waren, hatten sich ihrem Gedächtnisse eingeprägt; die genaue Aehnlichkeit versetzte sie in einen Zustand von Erstaunung, welcher fast an Vernichtung grenzte.

Sanft fragte die Gräfin Adelheid, ob sie fortfahren solle? oder nicht?

Therese gab durch Verneigung ihren Beifall; – sie rückten die Stühle um den Tisch; – die Handschrift war ohne Umschlag, und die letzte Seite zeigte die Unterschrift: „Leonore von Uttenheim!" –

„Himmel! – rief Adelheid; – es ist die Handschrift von meiner liebenswürdigen Schwester; – soll ich den Inhalt lesen? Meine gute Therese, dein äußerst gefühlvolles Herz hat dich getäuscht; – es ist weiter nichts, als irgend deine Familienurkunde; – bist du einigermaßen neugierig, sie lesen zu hören?" –

Therese, welche sich wieder ziemlich gefaßt hatte, äußerte ihre Genehmigung durch ein sanftes Lächeln; es war das duldsame Zeichen milder Unterwerfung, welches eine gemäßigte Wärme über die bleiche Wange der verwundeten Empfindsamkeit verbreitete.

Drei und zwanzigster Abschnitt.

Das erste Blatt enthielt weiter nichts, als eine kurze Anrede an den ersten Finder des geheimen Schränkchens.

Das zweite war kaum lesbar, denn es war durch Spuren von manchen Wassertropfen fast verwischt, wahrscheinlich von Thränen der unglücklichen Schreiberin. – – Folgende Seiten wurden mit einiger Mühe entziffert:

„Wenn die Hand, welche dieses schreibt, und das Herz, welches ihr diese Zeilen vorsaget, auf dem finsteren Lager des Grabes starrt, – wenn die schwachen Spuren meines Kummers vor den verwehenden Schwingen der Zeit verwelken; – wird vielleicht irgend ein verschwistertes Auge die letzte Mitleidsthräne fallen lassen, und das Andenken meines Kummers auf ewig verlöschen.

„Doch, ehe mein Name endloser Vergessenheit übergeben wird, – ehe ich der süßen Betrübniß, dem zärtlichen Mutternamen entsage, rufe ich die Kräfte eines erschöpften Körpers zu Hülfe, und widme meine letzten Augenblicke diesem Geschäfte des Kummers.

„Sollte diese traurige Urkunde, bei Lebzeiten des Grafen Meinhard zu Uttenheim entdeckt werden, so vermache ich sie an ihn. – Sollte er diesen vergänglichen Zustand verlassen haben, um mit seiner unglücklichen Schwester in den Wohnungen des Segens zusammen zu treffen, – so bitte ich, daß die Gräfin Adelheid sie als das letzte Vermächtnis ihrer zärtlichen Leonore aufbewahre!" –

Die Gräfin hob ihre von Thränen unterlaufenen Augen gegen den Himmel, druckte das Papier an ihre Lippen, und las weiter:

„Der Großmuth meines Bruders verdankte ich eine Freistäte, zu einer Zeit, da die Uebermüthigkeit des fühllosen Stolzes und das Gespött des steifen Wohlstandes den Namen meiner berühmten Vorfahren mit unauslöschlicher Schande gestempelt, und ihre Ehre befleckt haben würde.

„Als ich in die Burg Uttenheim kam, war ich das leichtgläubige Opfer einer unerlaubten Leidenschaft, deren Folgen dem beobachtenden Auge meines Bruders, des Grafen, bald sichtbar wurden; – aber Furcht vor Verleumdung, und seine unbegrenzte Zärtlichkeit gegen mich, veranlaßte ihn, meine Schande zu verbergen, und meiner damals ungebornen Therese ewigen Schutz zu versprechen!" –

Die Gräfin Adelheid wagte einen Blick auf Therese; – ihre Miene verrieth den Kampf ihrer Seele; – sie seufzte, als ob ihr das Herz brechen wollte. – Kunigunde faßte ihre Hand, und druckte sie zärtlich; sie war krampfhaft und kalt.

Die Gräfin las weiter:

„Gerechtigkeit gegen mich und gegen mein Kind, dessen unschuldige Augen jetzt auf mich geheftet sind, als ob sie die geheimen Zugänge zu meinem traurigen Herzen erforschen wollten, verpflichtet mich, auf die feierlichste Art die unglückliche Ursache ihres Daseyns, und meines ewigen Kummers zu gestehen.

„Während der Abwesenheit des Grafen, meines Bruders, welcher damals einen Feldzug gegen die Türken mit machte, wurde ich – wie man in München recht gut weiß – unter dem Schutze der verstorbenen Prinzessin von Baiern gelassen; sie war ein Frauenzimmer von unendlichen Vollkommenheiten, und musterhafter Frömmigkeit. Mein junges Gemüth fand erbaulichen Unterricht in der Reinigkeit ihrer Sitten, und ihr Beispiel beseelte mich mit einer gerechten Verehrung der unzähligen Tugenden meiner liebenswürdigen Beschützerin.

„Meine ältere Schwester, die Gräfin Adelheid, hatte vorzügliche Neigung zu einer Lebensart in frommer Einsamkeit; sie war die Vorgesetzte in einem Kloster; ich hatte keine andere weiblichen Verwandten, und mein ganzer Umgang mit ihr bestand in Briefwechseln.

Ich hatte mein neunzehntes Jahr erreicht, als die Prinzessin starb, und einen einzigen Sohn, den Liebling ihres Herzens, hinterließ, um ihren betrübten Gemahl unter der härtesten Noth, welche die menschliche Natur treffen kann, zu trösten.

„Während verschiedener Monate, war ich seine einzige Gesellschafterin; mein Umgang, sein Trost; meine Vorzüge, seine Wonne!

„Die Zeit verscheuchte das Andenken seiner Gemahlin, und vermehrte seine unglückliche Anhänglichkeit an mich: der Prinz war in seinem zwei und dreißigsten Jahre; einnehmend von Person, und liebenswürdig in seinem Betragen. Da er in dem besten Vernehmen mit der Verwandten seiner verstorbenen Gemahlin gestanden hatte, so hinderte ihn Wohlanständigkeit und Achtung gegen sie, seine Vorliebe zu mir öffentlich zu bekennen. Sein Antrag war rühmlich, wie ich glaubte; und seine Leidenschaft war mir nicht mißfällig. – Ich fühlte eine starke Vorneigung für ihn. Seine musterhafte Güte gegen seine vorige Gemahlin, – seine zärtliche Aufmerksamkeit gegen seinen Sohn, welcher damals erst sechs Jahre alt war; – sein anerkannter öffentlicher Charakter des Wohlwollens und Edelmuths, in Verbindung mit den glänzendsten Talenten, welche durch allen Reiz der Erziehung gehoben wurden, alles dieses sprach sehr nachdrücklich zu seinem Vortheile. Mein Herz wußte nichts von Falschheit; und die Reinheit meiner Gesinnungen erhob mich über die Niedrigkeit des Argwohns. – Ich betrachtete den Prinzen als meinen Freund, und meinen Beschützer; er benutzte dieses Recht auf mein Vertrauen, um das schwärzeste Vorhaben zu decken; und unter der Maske der Freundschaft erhielt er meine Achtung; – Achtung verwandelte sich in Zärtlichkeit; – er bemerkte die Schwäche meiner Seele, und triumphirte über jene Ehre, zu deren Beschützer er durch alle Gesetze der Redlichkeit und Gastfreundschaft verbunden war." –

Ein unwillkührliches Stöhnen erhob sich aus Theresens Busen; im Kampfe ihres Kummrs schlug sie ihre Hände zusammen, druckte sie an ihre Stirne, und verbarg den Perlentropfen, welcher an ihrem Auge hing.

„Gute Therese, – rief Kunigunde; – beruhige dich; dein Kummer macht dich jedem fühlenden Herzen doppelt theuer." –

Therese senkte ihre Hand auf die Schulter ihrer Freundin; die Gräfin Adelheid fuhr in der schrecklichen Geschichte fort.

„Vergebens that ich dem Zerstörer meiner Ruhe Gegenvorstellungen, weil ich meines Bruders Rache fürchtete, und überzeugt war, daß er den seiner Familie angethanen Schimpf niemals verzeihen würde; mein schüchterner Busen verstand sich gutwillig zur Verbergung seiner Quaal, und duldete gelassen das Elend der Verzweiflung, welches durch die tiefen Wunden des Trotzes und der Verachtung erhöht wurde.

„Der gefürchtete Augenblick der Rückkunft meines Bruders näherte sich jetzt. Mein Herz bebte bei dem Gedanken, ihm unter die Augen zu kommen, ohnerachtet jede Ader sich nach seinem Schutze sehnte.

„Er kam – und seine erste Umarmung ertheilte er dem Verräther seiner Schwester, er drückte ihn an seinen Busen mit der Wärme eines zärtlichen Vaters.

„Ich komme von den Schlachtgefilden zurück, – sagte er; – um meinem Prinzen für die Sorgfalt zu danken, mit welcher er den kostbarsten Schatz, welchen ich besitze, aufbewahrt hat. Ich bin euer großer Schuldner wegen des edelmüthigen Schutzes, welchem meine geliebte Leonore bey Euch gefunden hat; und nehme sie jetzt aus Euern Händen mit größerer Wonne, als ich bei dem stolzsten Geschenke fühlen würde, welches mir die Welt geben könnte.

Dann wendete er sich gegen mich, und Entzücken strahlte aus seinen wohlwollenden Augen, als er mich anredete:

„Meine gute Leonore, dein Anblick erregt mir ein Lächeln bei der Rückerinnerung an die Gefahren, mit welchen ich gekämpft habe; in deiner Gesellschaft sollen die Beschwerlichkeiten des Feldzugs bald vergessen werden. Morgen wollen wir nach der Burg abreisen, wo du über mein Vermögen die Aufsicht führen, und die Ehre meiner Familie behaupten sollst. Deine Tugenden werden das Dunkel der Einsamkeit vergolden, und dein Umgang wird die Harmonie in meinem Gemüthe wieder herstellen, welche durch die Unruhen und Abwechslungen gestört war, an welche es sich seit kurzem gewöhnen mußte." –

„Wir reisten ab. Mit der vergifteten Zunge der tiefen Verstellung sagte mir der Prinz - Lebe wohl! – der Ton wird nicht eher aufhören, die Nerven meines Herzens zu erschüttern, als bis sie bei der trauervollen Wiederholung zerreißen werden.

„Der Prinz wurde für einen Mann von so unbefleckter Ehre gehalten, daß der verunreinigende Hauch der Verleumdung ihn niemals zu berühren wagte. Er hüllte Falschheit in das einfache Gewand milder Demuth! Die Schmeicheley niederträchtiger und feiler Gemüther nährte seine unersättliche Eitelkeit, unterdessen daß er ihre getäuschten Augen mit dem Glanze seiner Vollkommenheit blendete. Er war unter allen seines Geschlechts der gefährlichste, weil er der unverdächtigste war. Er benutzte seinen allgemein guten Ruf zur Ausübung jeder geheimen Thorheit; und unter der lächelnden Larve der Gefälligkeit übte er tirannische Gewalt über die schwachen Gemüther derer, welche elend genug waren, um von ihm abzuhängen. Sein Hof war von sklavischen Tafelleckern bevölkert, welche die Dreistigkeit hatten, seine vermeintlichen Tugenden auszuposaunen, aber keinen Muth, seine Laster zu verachten.

„So war der Charakter des Prinzen beschaffen; möchten die Tugenden seines unmündigen Sohns die Niederträchtigkeit seines Vaters aus den Blättern der Geschichte vertilgen!

„Nach Verlaufe von wenigen kurzen Wochen wurde mein letzter Zustand schrecklicher Demüthigung den Augen meines betrübten Bruders sichtbar; dann gestand ich ein Verbrechen, welches ich länger zu verbergen nicht in meiner Gewalt hatte. – Ich umfaßte seine Kniee, und in der Angst meiner Seele flehte ich ihn, eine Zuflucht für mich zu suchen, bis die fürchterliche Stunde vorüber seyn würde, in welcher selbst die größte Verbrecherin den Seufzer der Verzeihung fordert. Ich versprach, daß der Rest meiner Tage der Buße und Demuth gewidmet seyn solle. Ich versicherte ihm, daß den Urheber meiner Entehrung seine Rache nicht treffen könne, und daß es für mich unmöglich sey, ihn jemals wieder zu sehen. Dann badete ich seine Hand mit kampferpreßten Thränen, und beschwor ihn, das traurige Geheimniß mir nicht abzudringen; denn ich hatte ein feierliches, ein heiliges Gelübde gethan, niemals seinen Namen zu entdecken, bis sein letztes Gebet seinen Frieden mit dem Himmel besiegelt haben würde.

„Mein Bruder hob mich von der Erde auf, – druckte mich an seinen Busen. Ich fühlte, wie sein edles Herz unter dem Kampfe des Mitleids und der Rache arbeitete.

„Er besorgte einen einsamen Aufenthalt für mich; ich entfernte mich aus dem Uttenheimer Forste, und begab mich in ein kleines Haus in der Nähe von München, wo ich für die Witwe eines Offiziers gehalten wurde.

„Meine Therese wurde, gleich nach ihrer Geburt, von einer alten Frau, welche mit meinem Namen, und mit meiner Familie unbekannt war, auf die Burg gebracht! Ich sagte ihr, Graf Meinhard sey der beste Freund meines verlornen Gatten gewesen, und habe, zum Andenken an dessen Tugenden, versprochen, für sein unglückliches Kind zu sorgen.

„Mein kleiner Liebling wurde von den Hausbedienten als eine vaterlose Waise betrachtet, welche von der Güte ihres Herrn lebe; und sobald als meine Kräfte es zuließen, kehrte ich nach Uttenheim zurück, wo ich jetzt diese schmerzliche Geschichte meines beispiellosen und hoffnungsleeren Kummers schreibe. Ich werde den Schlüssel zu diesem heiligen Pfande der Sorge meines Bruders für meine Therese übergeben, ohnerachtet er mit der Bedeutung dieses Geschenks unbekannt ist.

„Meinem angebeteten Kinde hinterlasse ich diese letzten gutgemeinten Vorschriften eines zärtlichen Mutterherzens: – ich beschwöre sie, die unglückliche Schlinge nicht zu vergessen, welche der unbefleckten Ehre ihrer Mutter nachtheilig wurde; und die tückische Schlange zu meiden, welche hinter dem gefälligen Schleier der Schmeicheley lauert. Gesegnete Frucht des Kummers! theures Bild des unglücklichen Wesens, welches ihr das Daseyn gab! möchte der Schutzengel, dessen Geschäft es ist, über den Unbefangenen und Unschuldigen zu wachen, stets über sie mit unaufhörlicher Achtsamkeit schweben, und ihrem Blicke beständig die Gefahren und Täuschungen einer Welt vorhalten, wo die Tugend mitten unter einem Haufen von Netzen kämpft, welche die schlaue Hand der schwarzen Falschheit gestrickt hat. Ich rathe ihr, Demuth und Milde bei allen ihren Handlungen zum Grunde zu legen; –in ihrem Busen die Gefühle des Mitleidens und der Verzeihung zu hegen; – zu bedenken, daß sie ihren einzigen natürlichen Beschützer verloren hat, und nur, durch die Uebungen der Tugenden ihres Herzens, über die Neigungen des prüfenden und ruhmvollen Theils der Menschen zu gebieten suchen muß. Mein ganzes Eigenthum, welches blos in meinen Familienjuwelen besteht, überlasse ich meinem Bruder zur Aufbewahrung für meine Therese; sie sind die unbedeutenden und kindischen Spielwerke des Rangs; und sie wird ihnen dadurch einen neuen Werth geben, daß sie dieselben als solche betrachtet.

„Ich habe meinen Cherub umarmt; ich habe meine Therese mit meinen Thränen, mit Mutterthränen gebadet! – Leider! hat sie keinen Vater – keinen Verwandten, welcher sie anerkennen wird!

„Ich fühle, daß ich schnell jener Heimat zueile, wo ich allein Trost und Ruhe zu finden erwarten kann! Wenn diese Handschrift jemals meinem geliebten Kinde in die Hände kommen sollte, so müsse sie nicht klagen, daß der letzte Seufzer, welcher sich meinem verwelkten Herzen entriß, seine Fehler abbüßte! Ihre Schüchternheit wird nichts von dem Verderber ihrer Mutter zu fürchten haben; – denn er lebt nicht mehr, um ihren Ursprung entdecken zu können! – – "

Aus der Zeitangabe der Handschrift war zu ersehen, daß sie blos drei Wochen früher abgefaßt war, als die Gräfin Adelheid, welche damals in Paderborn war, die traurige Nachricht von dem Tode ihrer Schwester erhielt. Als sie nach Uttenheim kam, war die kleine Therese beinah zwei Jahre alt; und ihre unglückliche Mutter war damals seit einigen Monaten todt gewesen; – es war daher jede Erinnerung, sie gesehen zu haben, unmöglich.

Das Geheimniß konnte durch keinen von den Hausbedienten bekannt werden; denn Therese war niemals für die Tochter der Gräfin Leonore gehalten worden – und Graf Meinhard war zu edel, und zu stolz, um das in ihn gesetzte Vertrauen zu täuschen.

Vier und zwanzigster Abschnitt.

Während der Zeit, da die Gräfin Adelheid mit dem Lesen der traurigen Handschrift fertig wurde, schien die Dämmerung des Tags schon schwach durch die Gitter ihrer Fenster; die Vögel begonnen auf den Mauern der Burg zu zwitschern, und die Tritte der Bedienten, welche aufgestanden waren, um ihre Haushaltungsarbeiten anzufangen, erinnerten sie an die Stunde.

„Wir wollen uns zur Ruhe begeben, – sagte Adelheid; – und wenn wir aufstehen, wollen wir überlegen, was bei dieser traurigen Sache zu thun ist. Fasse Muth, meine geliebte Therese; an mir sollst du eine Mutter finden; dein sanftes Gemüth muß keinen starken Eindruck von dieser neuen Noth annehmen." –

Therese that einen tiefen Seufzer. Adelheid umarmte sie zärtllich, und sagte:

„Verzage nicht, mein süßes Mädchen; – Tugend kann nicht lang unter den Geißeln des Himmels leiden; diese Betrübniß ist blos Prüfung deiner Geduld; und es ist Pflicht der schwachen Sterblichen, sich ohne Murren zu unterwerfen." –

Kunigunde weinte über der unglücklichen Waise, deren Kummer alle Macht der Klage weit, sehr weit überstieg.

Ihr starres Auge hatte nicht eine einzige Thräne mehr übrig, den brennenden Kampf ihres Gehirns zu löschen; ihre bebenden Kniee konnten kaum ihren matten Körper tragen; sie druckte ihren theuern Verwandten die Hände; und verließ das Zimmer, ohne nur ein Wort zu äußern.

Sie ging über den großen Saal, welcher mit allen den glänzenden Zurüstungen zur Vermählungsfeierlichkeit bedeckt war; – ihr Herz schauderte bei dem Anblicke.

Auf dem Treppengeländer begegnete ihr der alte Haushofmeister; als dieser sie bereits angekleidet, und schwach, matt, erschöpft, hinaufsteigen sah, so daß sie kaum im Stande war, hinan zu schleichen, so rief dieser treue Diener:

„Schöne Dame! was macht Euch so traurig? soll ich die Gräfin Adelheid wecken? Ihr seht todtenblaß! hat Euch irgend etwas erschreckt? soll ich Euch helfen?" –

Er ging auf sie zu; – ohnmächtig sunk sie in seine Arme. – Er machte Lermen im Hause; jedes Gesicht war mit finsterem Kummer bewölkt.

Sie wurde von zwei Kammerfrauen in ihr Bett gebracht, welche nebst Adelheid und Kunigunde, neben ihr in dem schrecklichsten Zustande von Betrübniß saßen.

Sie blieb den ganzen Tag völlig ohne Bewußtseyn; äußerte blos unzusammenhängende Gedanken, und verwünschte den Namen des Prinzen.

Am Abend trat Kunigunde, welche Theresens Zimmer niemals verließ, an das Fenster, und öffnete die Vorhänge. Die Landschaft glühte von dem rothen Glanze der untergehenden Sonne! Alles war anmuthig! Alles war Leben! Der Hofraum war mit Blumenschnüren geschmückt; – die hohen Thürme funkelten von Purpurlichte; – es war das erhabenste Gemälde üppiger Natur. Mit Widerwillen wendete sie sich von ihren Schönheiten weg; aber wie abstechend war der Auftritt im Zimmer. Dunkel, düster, still, traurig; eine Zelle des Kummers, und ein Bett des Todes.

Aus Furcht, ihre Unruhe möchte Therese stören, begab sie sich an das Fenster eines Nebenzimmers. Nach wenigen Minuten entdeckte sie zwei Reuter in der Livree des Prinzen die Allee heran sprengen; sie schienen auf den Flügeln der Freude zu schweben; ihr unverdrossenes Eilen verkündigte sie als Boten des Glücks! Aber leider! war die Dämmerung des Glücks mit Finsterniß umzogen, und der schneidende Wind grausamer Zerstörung hatte alle die Knospen geselliger Luft vernichtet.

Die Gräfin Adelheid ging in den großen Saal herunter, wo sie mit stöhnenden Herzen wartete, um den versprochenen Bräutigam zu bewillkommen.

Er kam; die Thore waren offen; mit einer Miene des gewissen Triumphs ritt er herein; er hüpfte von seinem Pferde mit der jubelnden Frölichkeit, welche die freudige Erwartung eines entzückungsvollen Empfangs andeutete. – Er eilte auf Adelheid zu, fiel auf seine Kniee, und sagte:

„Ich bin gekommen, um meinen Anspruch auf meinen kostbaren Schatz geltend zu machen, – auf meine Braut – auf meinen Liebling – auf meine Therese!" –

„Liebenswürdiger Prinz, – erwiederte die Gräfin, – ich fürchte, Therese kann niemals die Eurige werden; –ein plötzliches Fieber hat sich aller ihrer Sinne bemächtigt; – sie liegt auf dem Bette der Krankheit – es ist keine Hoffnung zu ihrer Genesung." –

Wie eine verwelkte Blume, welche der glühende Blitz gerührt hat, sunk der Prinz zusammen. Er beschwor die Gräfin, bei allem Elende, welches er fühlte, bei allen Tugenden Theresens, bei allen Gelübden verpfändeter Treue zwischen ihnen, beschwor er sie, ihn zu ihr zu führen.

„Ich muß, ich will sie sehen!" – sagte der Prinz.

Er wurde in ihr trauervolles Zimmer geführt. Kunigunde empfing ihn an der Thüre; sie schüttelte den Kopf – und sagte leise: „Bald wird alles vorüber seyn!" –

Der Prinz näherte sich dem Bette; die Vorhänge waren nicht zugezogen; sie lag, wie in einem tiefen Schlafe; ihre Wange war weiß, und kalt, wie Alpenschnee, ihre schwarzen Augenbrauen, welche die matten Scheiben hinter denselben beschatteten, wurden von schnellen krampfhaften Bewegungen hin und hergezogen; ihr Athem war kurz und beschwerlich; ihre Hand war fieberhaft; sie war völlig ohne Bewußtseyn.

Der Prinz horchte, indem sie athmete; ein Kristaltropfen schlich sich an ihrer Wange herunter; er küßte ihn auf; sie murmelte: – „Abscheulicher Prinz!" –

Er faßte ihre brennende Hand; schnell zog sie dieselbe zurück, und rief, mit einem tiefen Seufzer: „Ich kann meinen Bruder nicht heiraten!" –

Der Prinz hielt diese Aeußerungen für bloße Folgen ihrer Gedankenirre; er wendete sich in den zärtlichsten Tönen an sie, und sagte:

„Schöne Therese, blickt auf! seht Euern Liebhaber, Euern Gatten!" –

Bei dem Tönen dieser Stimme fuhr sie in die Höhe, starrte mit einem augenblicklichen Grausen ihn an, und verbarg ihr Gesicht auf ihrem Kissen.

Die Gräfin Adelheid winkte dem Prinzen, und bat ihn, sich zu entfernen, weil sie für das rathsamste hielt, Therese wenigstens auf diesen Abend allein zu lassen.

Er gehorchte, die Mitternachtsstunde wurde mit Kummer und Wachen verbracht. Fast ohnmächtig vor Ermüdung begab sich die Gräfin Adelheid auf ihr Zimmer. Therese schien ruhiger, – und mit leiser Stimme wünschte sie ihr gute Nacht.

Kunigunde und eine alte Kammerfrau saßen neben dem Bette.

Die Glocke schlug drei; Therese zählte die Schläge – zum letztenmale!

Eine kleine Lampe stund auf dem Tische; ihre schimmernden Strahlen warfen grade ein schwaches Licht durch die Oeffnung der Vorhänge. – Alles war auf einige Minuten still; – Therese stöhnte tief:

„Horch! – sagte sie; – ich höre den Klang von zehntausend Harfen; sie werden von Schaaren von Engeln getragen! sieh! sie drängen sich um eine glänzende Gestalt! Es ist meine Mutter! – sie winkt mich in ihre Arme – ich komme. –" –

Sie bemühte sich, aufzustehen; – ihre Kraft fehlte – sie sunk in die Arme des Todes!

So sunk, so verwitterte die Rose von Uttenheim!!

Kunigundens Schrey weckte die Gräfin Adelheid; alles war Taumel und Verzweiflung! Die Zimmer wurden von ihren lebhaften Zierrathen entblößt; der große Saal wurde schwarz behängt, um Theresens Hütte aufzunehmen.

Am Ende von acht Tagen wurden die letzten Trauerfeierlichkeiten vollzogen; der Körper der einst schönen Therese wurde in die Gruft gebracht, um ihre Asche mit der Asche des beweinten Grafen Meinhard zu vermischen!

Orte und historische Personen

Burg von Uttenheim

- häufiger Besitzerwechsel infolge von politischen Ereignissen sowie Erb-folgen: die Grafen von **Görz**, die Grafen von Tirol, die Grafen von Wol-kenstein-Trostburg und das Hochstift Brixen
- gelegen im Tauferer Ahrntal in Südtirol (Italien) in der Nähe von Bruneck (Entfernung nach München rund 150 km; Seen befinden sich im Ahrntal)
- 993: Uttenheim erstmals urkundlich erwähnt
- die Edlen von Uttenheim errichteten vermutlich um 1100 auf dem wilden Felsen über dem heutigen Ort ihre Burg
- Anfang des 14. Jh.: die Burg Uttenheim ging in den Besitz des Ulrich von Taufers über
- Ulrich von Taufers hatte die Burgen Uttenheim und Neuhaus seiner Ge-mahlin Katharina von **Görz** vermacht, von dieser kam der Besitz dann an ihre Brüder
- nach allen Seiten jäh abstürzenden Burgfelsen
- Ringmauern und Bergfried, darunter dreigeschossiger Palas (Saalbau der mittelalterlichen Burg) und die erhaltene romanische Burgkapelle, im 16. Jahrhundert gotisiert, kleine Wallfahrtsstätte mit Fresken verschiedener Epochen
- der Palas erstreckte sich über einen Nord- und Südflügel, welche drei Stockwerke hoch waren - um 1500 wurde die Kapelle neugotisch umgestal-tet, wobei ein Netzrippengewölbe eingesetzt wurde
- aus Geldnot musste Kaiser Maximilian die Burg 1500 an das Hochstift Brixen verpfänden
- ab der Mitte des 16. Jahrhunderts dem Verfall preisgegeben (Burgruine Schlössl); die Kapelle ist aber erhalten geblieben, dient noch heute dem Gottesdienst

Die **Meinhardiner**,
auch **Görzer** oder **Grafen von Görz** genannt
- Herrscherdynastie von ursprünglich bayrischer Abstammung, die ihre Machtbasis zunächst in Görz und danach in Tirol hatte
- die Familie der Meinhardiner, benannt nach dem immer wiederkehrenden Vornamen Meinhard stammte ursprünglich aus bayerischem Hochadel, tauchte erstmals im 11. Jahrhundert auf
- im Mittelalter gehörten die Meinhardiner zu den bedeutendsten Adels-häusern des südlichen Alpenraumes

- Angehörige der jüngeren Linie beherrschten bis zum Jahr 1500 die Grafschaft Görz, die sich zwischen Innichen und Lienz im Norden und der Adriaküste im Süden erstreckte
- 1500 erlosch die Dynastie
- letzter Nachkomme: Graf Leonhard von Görz, gestorben 1500

Meinhard VI. von Görz
(+ nach 1385)
Zwei Söhne: Heinrich VI. von Görz (1376–1454) und Johann Meinhard VII. (1380–1430)

Johann Meinhard VII. von Görz und Kirchberg, Pfalzgraf von Kärnten
(* ca. 1380 + 1430)
- zweimal verheiratet, erste Ehe mit Magdalena von Bayern, Tochter des bayerischen Herzogs Friedrich I. des Weisen; zweite Ehe 1422 mit Agnes von Pettau-Wurmberg, einer Tochter des Grafen Bernhard; keine Kinder

Heinrich VI. von Görz
(* 1376 + 1454)
- Görzer Graf und Reichsfürst aus dem Geschlecht der Meinhardiner
- Trinker und Spieler
- verheiratet zuerst mit Elisabeth (+ 1426), einer Tochter von Graf Hermann II. von Cilli, und dann mit Catharina von Gara, einer Tochter des ungarischen Palatins Nikolaus von Gara
- nach dem Tod seines Bruders Johann Meinhard VII. von Görz und Kirchberg erbte er im Jahre 1430 die Grafschaft Kirchberg
Heinrich hatte **zwei Töchter**, Anna und Margaretha sowie drei Söhne: Johann II. (1433–1462), **Leonhard** (1440 –1500) und Ludwig (+ 1457)

Leonhard von Görz
(* 1440 + 12.4.1500)
- **der letzte Fürst** aus dem Geschlecht der **Meinhardiner**
- verheiratet war er zuerst mit einer Tochter des bosnischen Königs Nikolaus, dann mit Paola Gonzaga, der Tochter von Markgraf Luigi III. Gonzaga
- kurz vor seinem Tode schloss Graf Leonhard mit Maximilian I. einen Erbvertrag über die Grafschaft ab; beim Todesfall des kinderlosen Leonhard sollte die Grafschaft des letzten Meinhardiners in das Habsburgerreich eingegliedert werden, die reibungslose Übernahme der Grafschaft

wurde erlangt durch große Versprechungen Maximilians an den görzerischen Hauptmann Virgil von Graben, gest. 1507 (von Graben: eine *meinhardinische Seitenlinie; die Linie von Graben zum Stein existierte bis 1664*).

Wetterau
- Landschaft in Hessen
- noch in der frühen Neuzeit wurde die Ausdehnung der Wetterau viel weiter gefasst als heute, 1552 südlich über den Main hinaus und westlich bis an den Rhein
- mit dem Ende der Staufer im Reich und mit dem Aussterben der Münzenberger 1255 traten die unterschiedlichen politischen Kräfte der Wetterau deutlicher hervor, vor allem die großen Familien derer von Hanau, Eppstein, Falkenstein und Isenburg-Büdingen
- die spätmittelalterliche Landfriedenspolitik führte seit 1422 zu Einungen von Rittern, Herrn und Grafen der Wetterau
- Verbund von Rittern und Niederadligen, die Wetterauer Ritterschaft
- sich vom Niederadel absetzend, das Wetterauische Reichsgrafenkollegium, in dem etwa 20 gräfliche Linien vertreten waren

Paderborn: im Osten des heutigen Nordrhein-Westfalen, NRW grenzt im Osten an Hessen

Herzog von Bayern-München Albrecht IV. der Weise
(* 1447 + 1508)
- war ab 1465 der letzte Herzog von Bayern-München und ab 1503 Herzog von ganz Bayern
(sein Vater war Albrecht III.; 10 Kinder, 7 Söhne, 3 Töchter)
- Vorgänger: sein Bruder Herzog Sigismund, dieser legte 1467 die Regierung nieder, zog sich in seine Schlösser zurück und Albrecht regierte fortan allein
- Leidenschaften kannte er kaum, Jagdliebhaberei ausgenommen
- *keine Aussage über Beziehungen zwischen 1467 und 1487*
- heiratete am 3. Januar 1487 in Innsbruck die Erzherzogin Kunigunde von Österreich (1465–1520), Tochter des Kaisers Friedrichs III.; Söhne: die **Prinzen** Wilhelm, Ludwig und Ernst

Wolfgang von Bayern, Bruder von Albrecht IV.
(* 1451 + 1514)
- der jüngste Sohn Herzog Albrechts III. von Bayern-München

- als König Maximilian 1488 in Brügge von aufständischen Untertanen gefangen genommen wurde, nahmen Wolfgang und sein Bruder Christoph der Starke am Feldzug zu seiner Befreiung teil, Wolfgang wurde daraufhin zum Rat König Maximilians ernannt und trat auch in die Dienste des Kaisers
- er hinterließ eine **uneheliche Tochter**

Herzog von Bayern Wilhelm IV. der Standhafte
(* 1493 + 1550)
- Herzog von Bayern von 1508 bis 1550
- Wilhelm regierte erst unter Vormundschaft seines Onkels **Wolfgang**, ab 1511 selbständig

Die Isenburger
galten als eines der bedeutendsten, alteingesessenen, edelfreien Geschlechter am Mittelrhein und im Westerwald
- Graf Ludwig II. von Isenburg in Büdingen
(1461–1511)
- Philipp, Graf von Isenburg-Ronneburg-Kelsterbach
(* 20.03.1467 + 22.02.1526)
Sohn: Anton I. von Isenburg-Ronneburg (1501-1560)

München
- die bereits bestehende Siedlung wurde1158 zum ersten Mal als *forum apud Munichen* urkundlich erwähnt
- als der Herzog von Bayern und Sachsen, Heinrich der Löwe, 1180 vom Kaiser geächtet wurde, fiel Bayern an die Wittelsbacher und München an den Bischof von Freising, 1240 kam auch München in wittelsbacher Besitz und wurde bereits 1255 nach der ersten Landesteilung herzogliche Residenz
- das **Haus Wittelsbach** ist eines der ältesten deutschen Adelsgeschlechter. Aus ihm gingen jahrhundertelang die bayerischen, pfälzischen und jülisch-bergischen Herrscher hervor
- seit dem Ende des 14. Jahrhunderts kam es wiederholt zu Aufständen der Bürgerschaft gegen die Herzöge, die daraufhin ihren Regierungssitz vom Alten Hof in die neue Residenz am Stadtrand verlegten
- nachdem München in der Spätgotik eine neue kulturelle Blütezeit erlebt hatte, wurde die Stadt 1506 mit der Wiedervereinigung des Landes durch Albrecht IV. Hauptstadt von ganz Bayern

- **Maximilian I.** (* 1583 + 1651) seit 1597 Herzog von Bayern; in zweiter Ehe heiratete er am 15. Juli 1635 in Wien seine Nichte; Sohn: **Maximilian Philipp Hieronymus, Prinz von Bayern** (* 1639 + 1705)

- der **Falkenturm München** (in der Nähe der heutigen Maximilianstraße) war ein Turm in der zweiten Stadtmauer (gebaut 1285-1337); seit etwa 1500 diente der Turm als herzogliches Gefängnis für Mitglieder der höheren Stände, bis 1826

Avignon: Kloster Sainte-Catherine
- Sainte-Catherine wurde im 11. Jahrhundert als **Benediktinerinnen**kloster gegründet, um 1150 trat der Konvent zum Zisterzienserorden über
- im Jahr 1254 zog der Konvent in die Stadt Avignon um

Einige Worterklärungen:

abstehen von: ablassen von etwas, aufhören

Anachoret: (altgriechisch *anachōreō* „sich zurückziehen"): im altgriechischen Sprachgebrauch ein Mensch, der sich aus persönlichen Gründen aus der Gemeinschaft, der Chora, zurückzog, später ging der Begriff auf die Vertreter einer der frühesten Formen des christlichen Mönchstums über

Anhaltsamkeit: Beharrlichkeit, Ausdauer

apanagirt: *Apanage* Abfindung der nichtregierenden Mitglieder eines Adelsgeschlechts mit Landbesitz oder Geld zur Ermöglichung eines standesgemäßen Lebenswandels

Augenbraunen: wie Augenbrauen

berücken: bestricken, betrügen, in die Falle locken; urspr. von der Jagd: ein Tier oder Vogel mit sog. Ruckleinen fangen, Garne, Schlingen, die geruckt, gerückt werden

Tscherkessien oder Cirkassien, eine russ. Provinz, welche den ganzen nördl. Theil Kaukasiens zwischen dem Hauptgebirge des Kaukasus und den Flüssen Kuban und Terek und dem schwarzen und kaspischen Meere einnimmt.
Sie sind ein schöner Menschenschlag, die Weiber von ausgezeichneter Schönheit, daher sie von jeher von den Türken für ihren Harem gesucht wurden.
Aus: Brockhaus Bilder-Conversations-Lexikon, Band 1. Leipzig 1837, S. 434

Cicisbeo: im 18. und 19. Jahrhundert in Italien ein galanter Höfling, der der Dame des Hauses bei Abwesenheit des Hausherrn zu gesellschaftlichen Anlässen als Begleiter diente

Equipage: Ausstattung und Aufmachung eines Gespannes (Kutsche) als Ganzes

Gewehr: urspr. Schutzwaffe, Waffe; sich wehren mhd. werjen, wer(i)gen, wern: sich schützen, verteidigen

Hütte, hier auch: der Sarg

Klient: von lat. *cliens* Schutzbefohlene/r

Kutsche: schon die Römer benutzten ab dem 2. Jahrhundert nach Chr., gefederte Reisewagen; im 15. Jahrhundert wurde die Federung im ungarischen Kocs erneut erfunden – die erste urkundliche Erwähnung des Wortes *kocsi* (*kocsy*) im Jahr 1469

Milzsucht: dieses Krankheitsbild würde man heute wohl mit Melancholie, Schwermut oder Trübsinn umschreiben; „bei phlegmatischen oder melancholischen Temperamenten zeigt sie sich als tiefe Traurigkeit, als Lebensüberdruß, als Neigung zu den düstersten Gedanken, den verzweifeltsten Entschlüssen." (J.S. Ebersberg 1833)

ins **Mittel** treten: dazwischen treten

Orchester: franz. orchestre, der Spielplatz der Musik im Konzert- und Tanzsaale

Polizei: seit dem Mittelalter wurde *gute Policey* als Ausdruck für eine gute Verwaltung verwendet

Reuter: wie Reiter

Seraph: die Seraphim oder Seraphe: sechsflügelige Engel

Silphe: Sylphen oder auch Sylvani sind mythologische Naturgeister, die dem Element Luft zugeordnet sind. Sie haben einen filigranen, feinen menschenähnlichen Körper und sind in der Lage, sich fortzupflanzen. Im Gegensatz zum Menschen sind sie jedoch seelenlos.

Taffet: Taft oder Taffet (aus persisch *tafteh*, gewebt) ist ein leinwandbindiges Gewebe aus Seide mit dichter Kettfadeneinstellung, wodurch sich feine Querrippen bilden; leinwandartig gewebter leichter Stoff aus gekochter Seide

verlarft: verlarven, mittels einer Larve/Maske unkenntlich machen, vermummen

Wohlstand: Anstand, was wohl ansteht, der Sitte entspricht

Zephyr: Windgottheit aus der griechischen Mythologie, die den (milden) Westwind verkörpert

Die Herausgeberin:

Sylvia Kolbe ist Diplom-Sprachmittlerin für Englisch und Kiswahili und Deutschlehrerin für Ausländer. In ihrer Freizeit führt sie Wissenschaftler und Touristen durch Leipzig. Sie war wissenschaftliche Mitarbeiterin am Herder-Institut der Universität Leipzig und arbeitet seit 1994 als Sekretärin an der Universität Leipzig, seit 2013 am Institut für Neutestamentliche Wissenschaft.